AF473672

AMSTERDAM RESIZED

Jasper Léonard

Amsterdam Resized

Lannoo

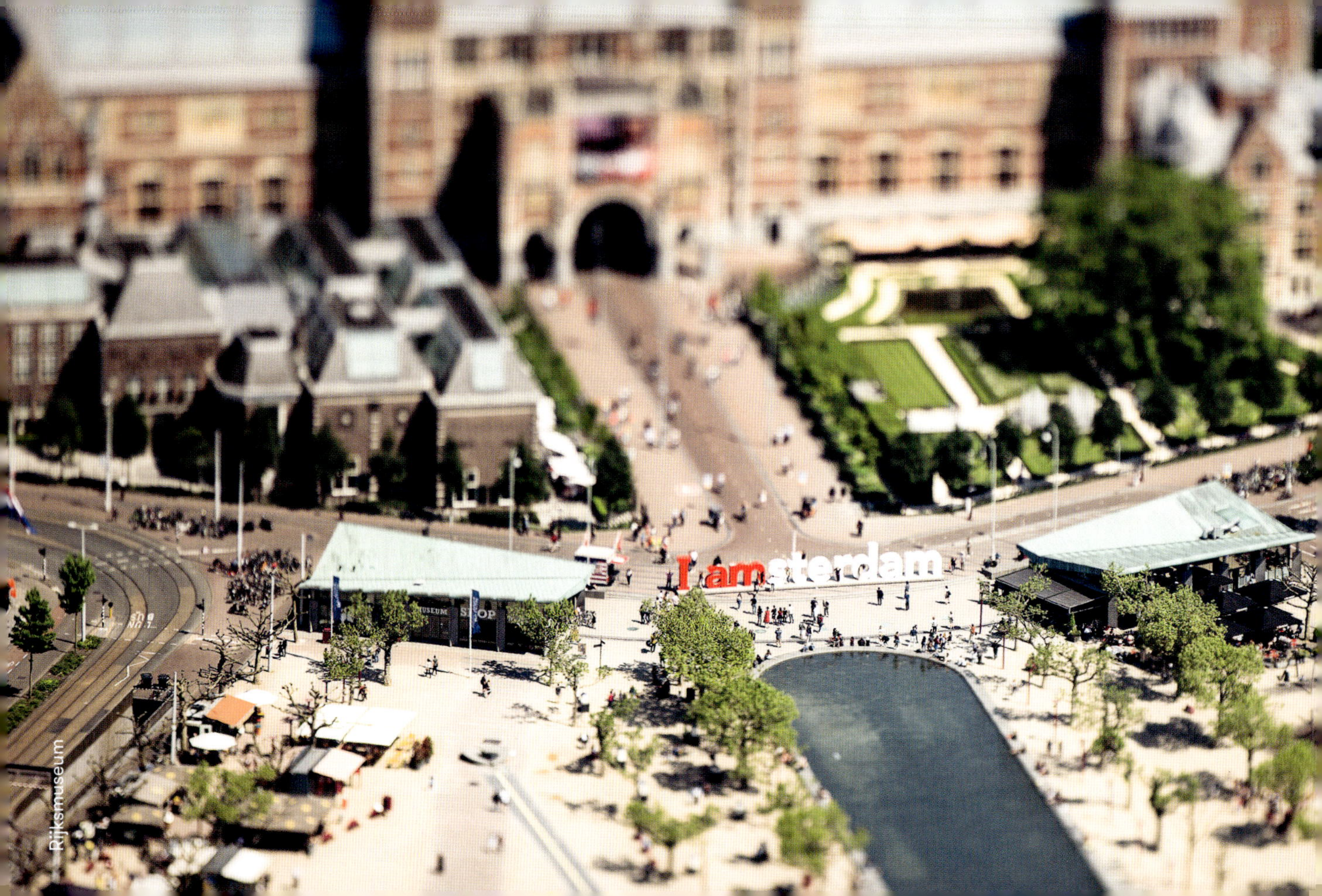

Rijksmuseum

Foreword

[UK] *Amsterdam Resized*: the grandiose Amsterdam reduced to the smallest proportions. The pictures of photographer Jasper Léonard zoom out to zoom in on what makes us so unique as a city. The inimitable creativeness. The rich past and the promising future. The defiance and the diversity. The freedom too, to be who you really are. Freedom celebrated, from the floats of King's Day to the pubs on the Spui. And that is what you can see in the following pages.

This small, grandiose booklet makes me proud and with me probably many Amsterdammers. From the architectural class of the ring of canals to the moving playfulness of a little rocking-horse on a roof terrace: they are all Amsterdam. This is who we are, portrayed in a unique manner.

FEMKE HALSEMA, MAYOR OF AMSTERDAM

Voorwoord

[NL] *Amsterdam Resized*: het grootse Amsterdam herleid tot de kleinste proporties. De beelden van fotograaf Jasper Léonard zoomen uit om in te zoomen op wat ons als stad zo uniek maakt. De onnavolgbare creativiteit. Het rijke verleden en de beloftevolle toekomst. Het warse en de diversiteit. De vrijheid ook, te zijn wie je echt bent. De vrijheid gevierd van de boten van Koningsdag tot de kroegen aan het Spui. En dat zie je op de volgende pagina's.

Dit kleine, grootse boekje maakt mij trots en met mij wellicht vele Amsterdammers. Van de architecturale klasse van de grachtengordel tot de ontroerende speelsheid van een hobbelpaardje op een dakterras: het is allemaal Amsterdam. Dit zijn wij, op een unieke manier in beeld gebracht.

FEMKE HALSEMA, BURGEMEESTER VAN AMSTERDAM

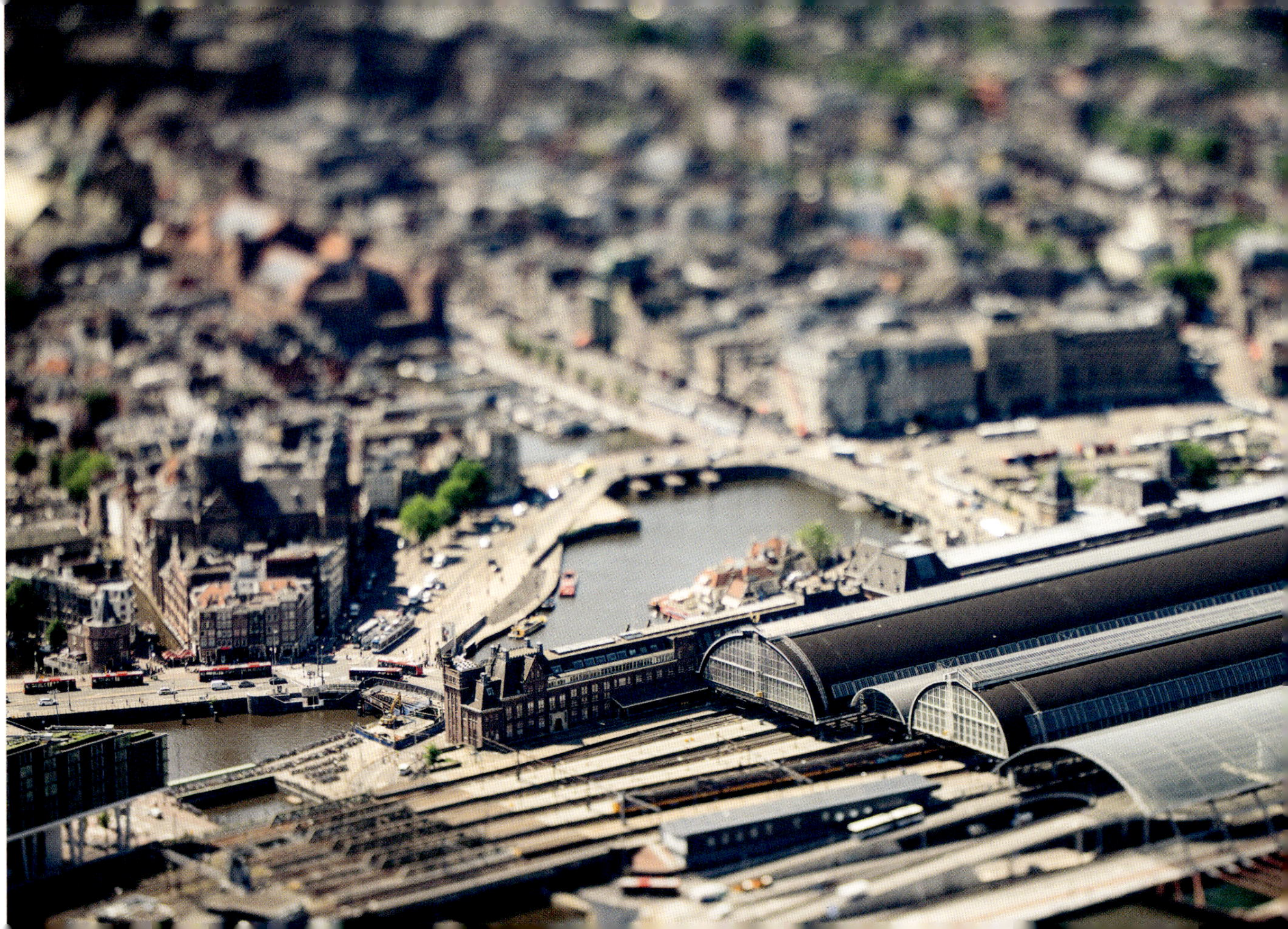

Amsterdam Central Station

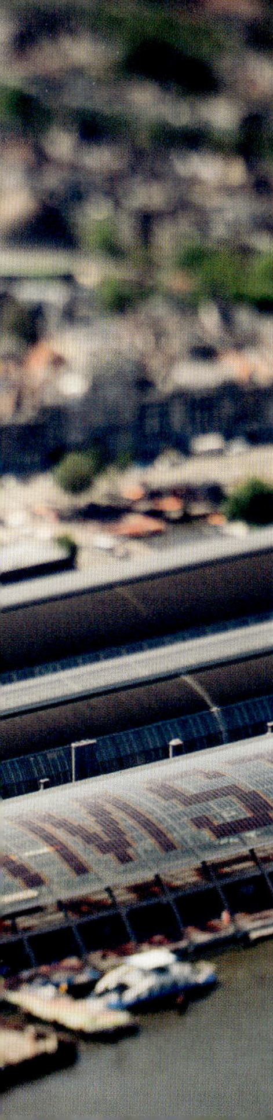

The big disadvantage of living in Amsterdam is that you never get to Amsterdam.

Annie M.G. Schmidt, Dutch writer

Het grote nadeel van in Amsterdam wonen is dat men nooit in Amsterdam komt.

Annie M.G. Schmidt, Nederlands schrijver

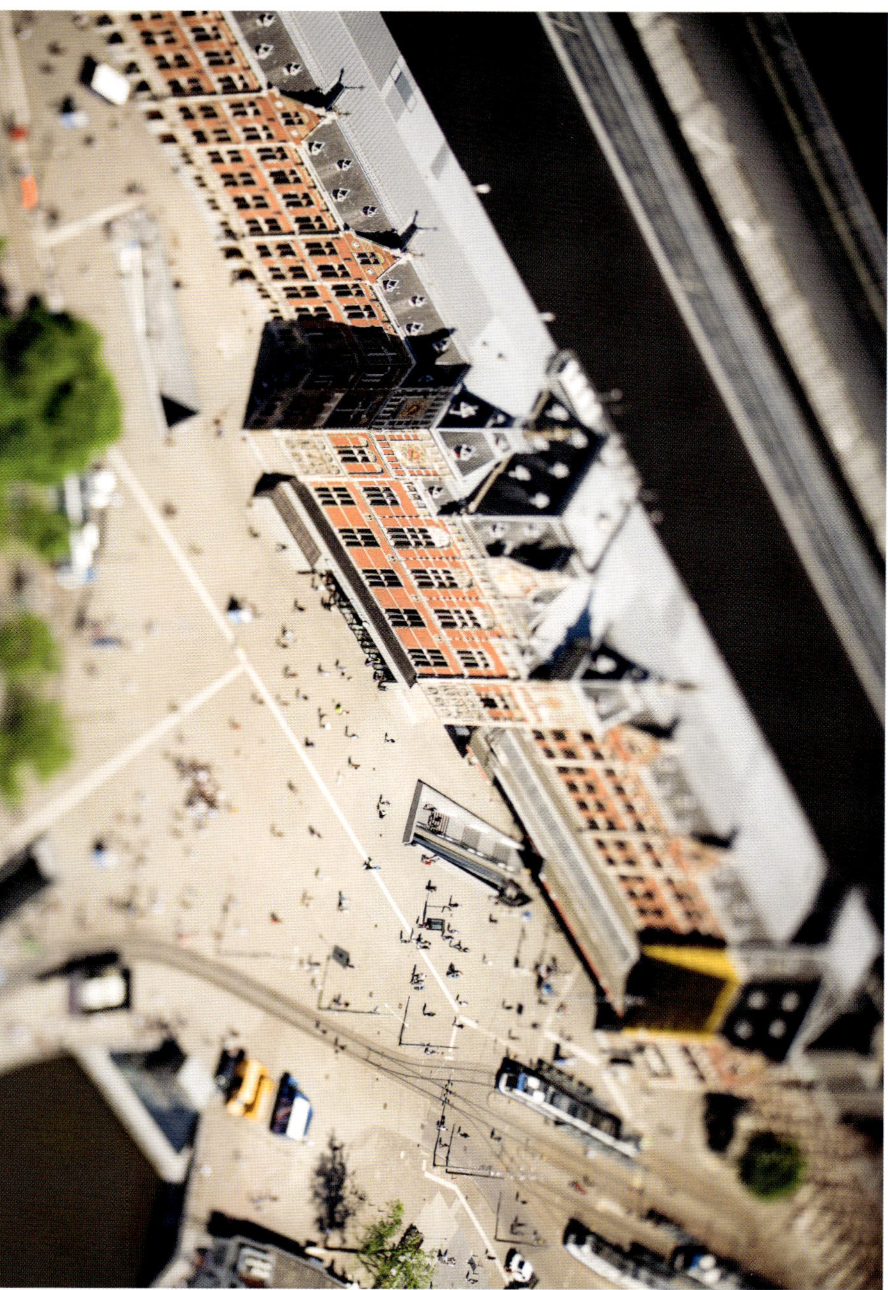

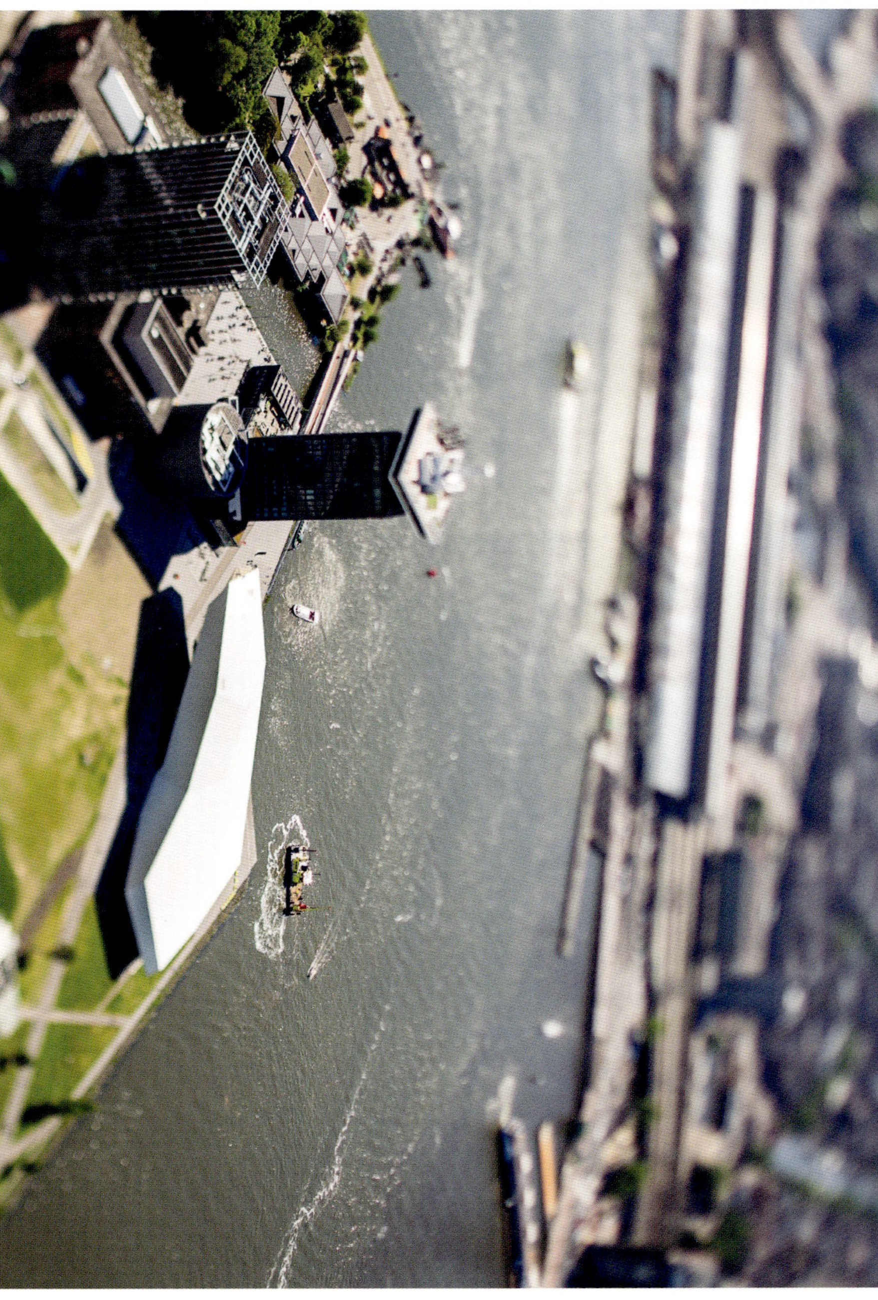

Eye Film Museum

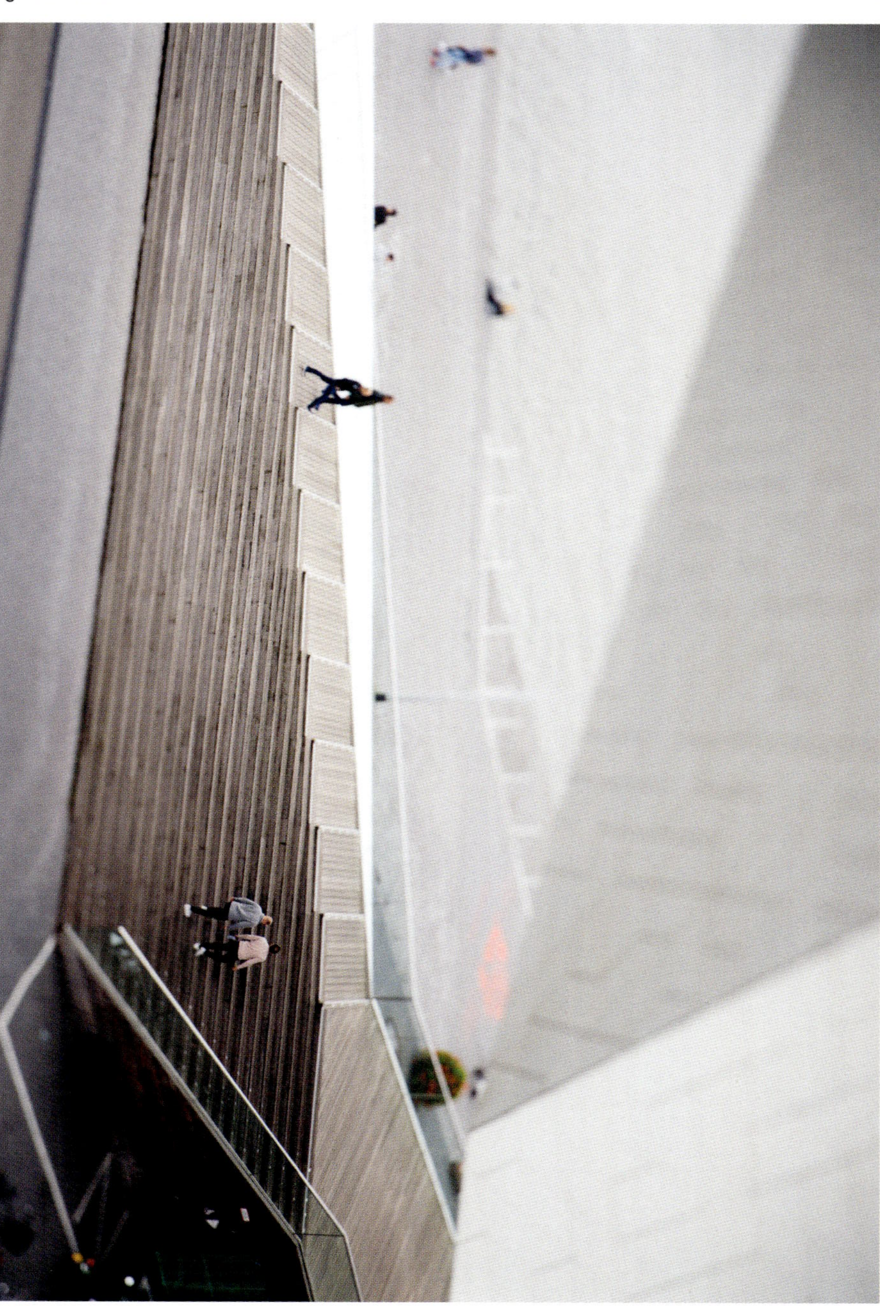

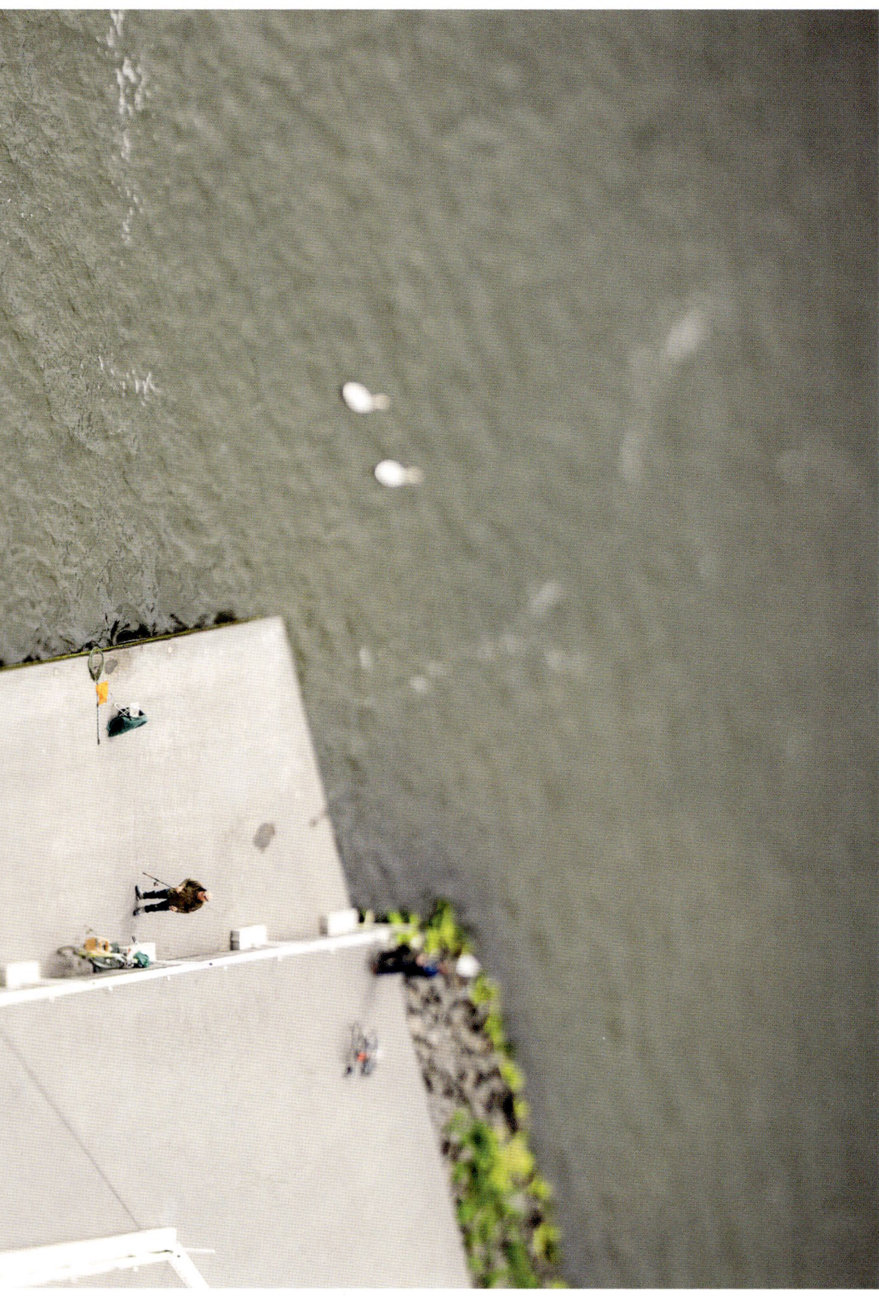

Eye Film Museum

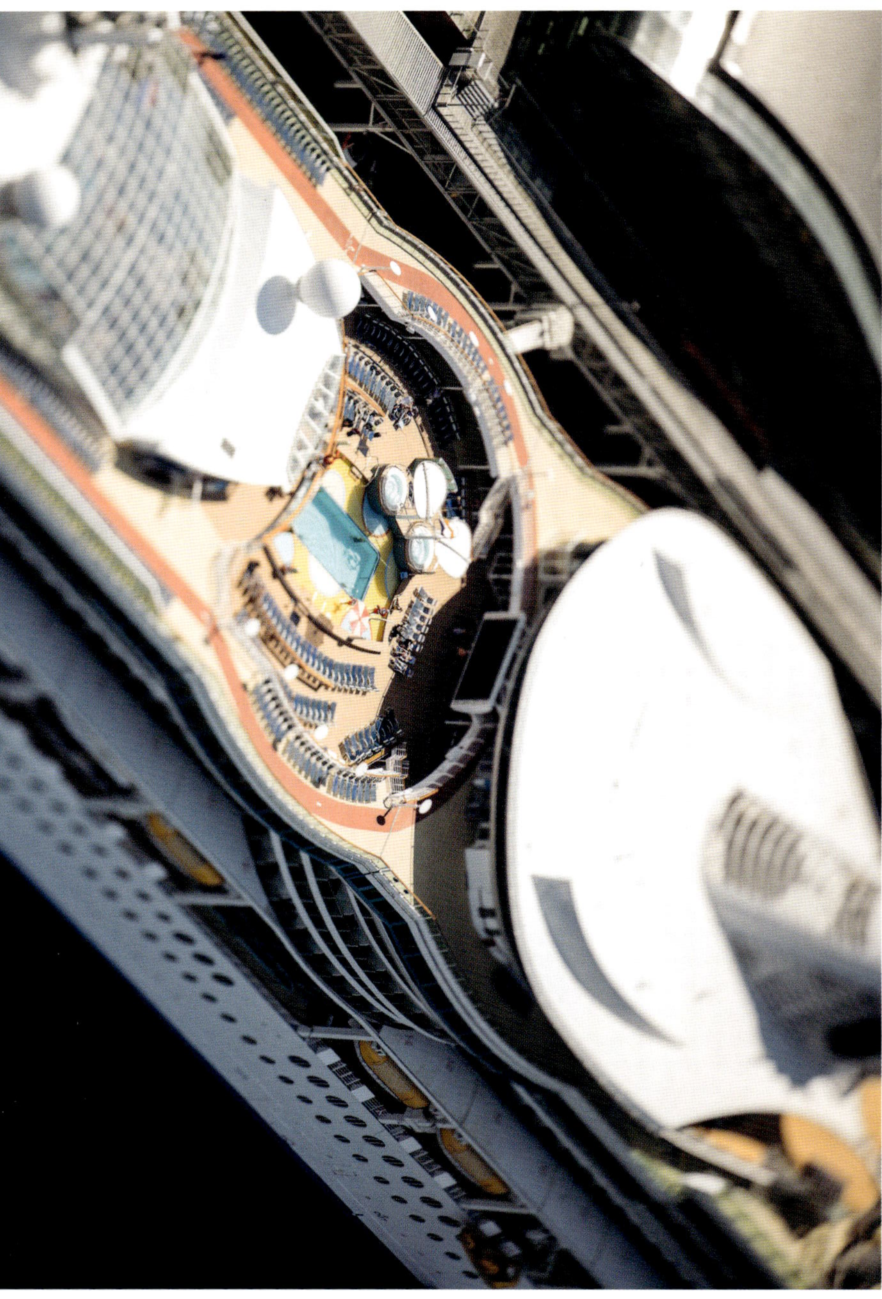

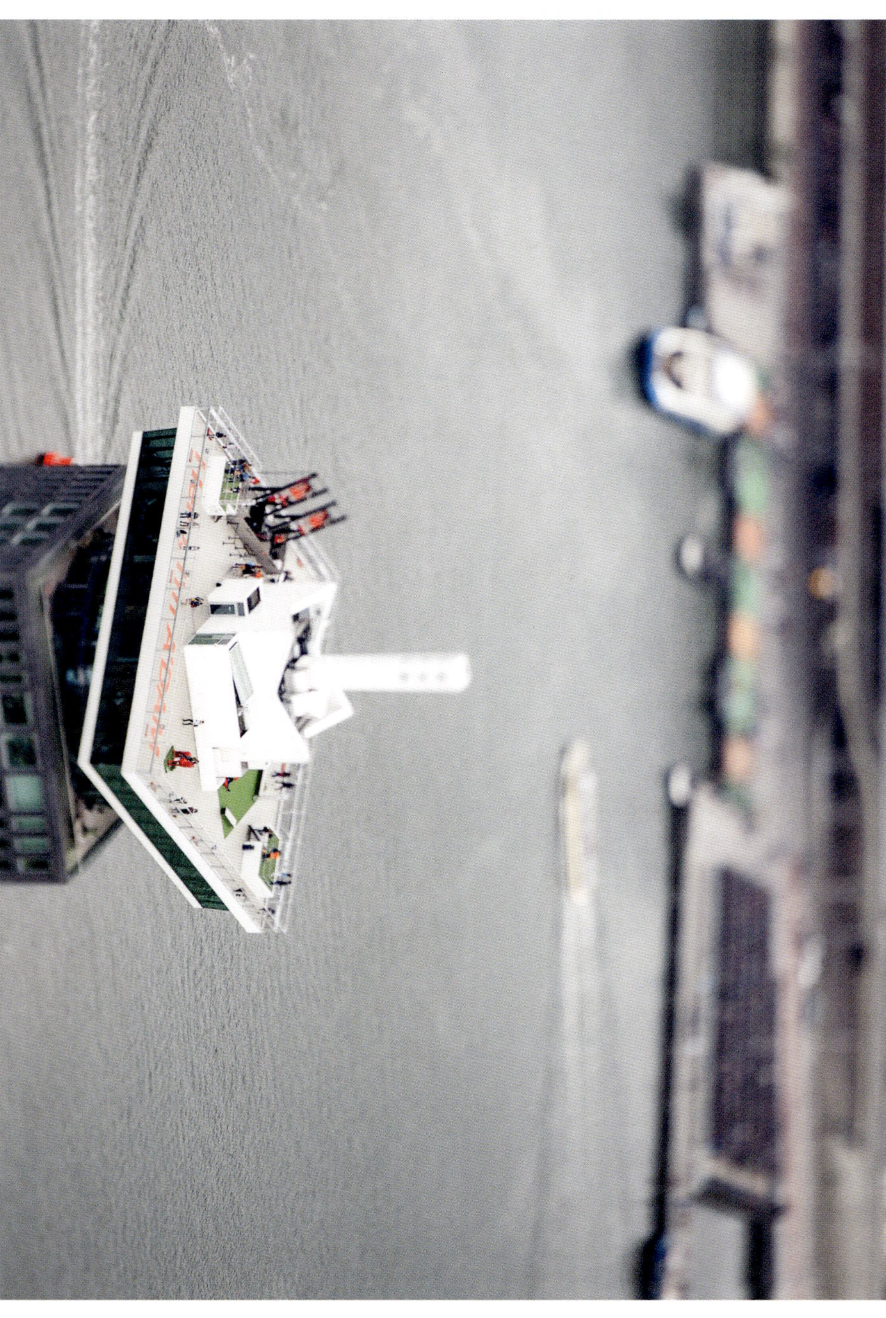

A'DAM Lookout

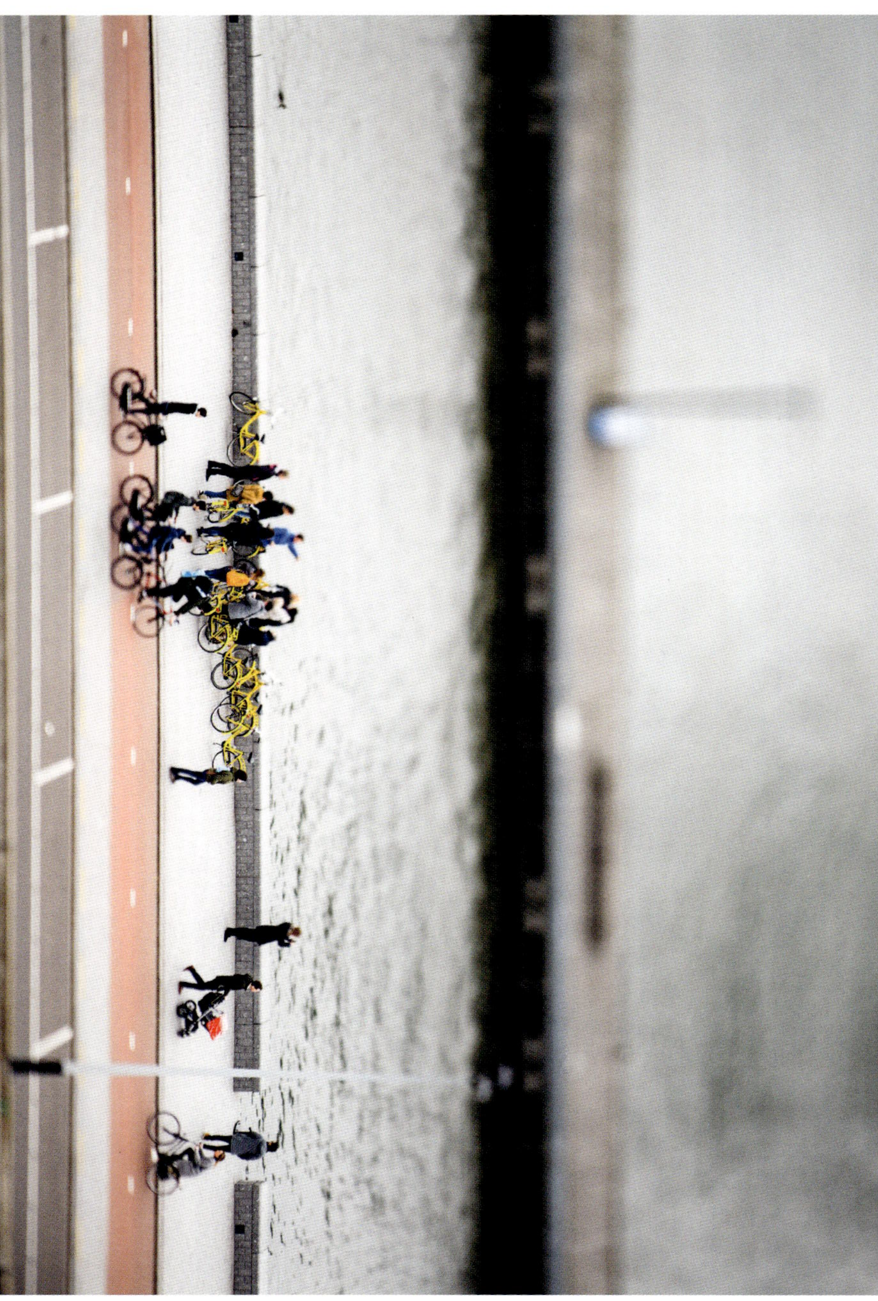

Amsterdam Central Station

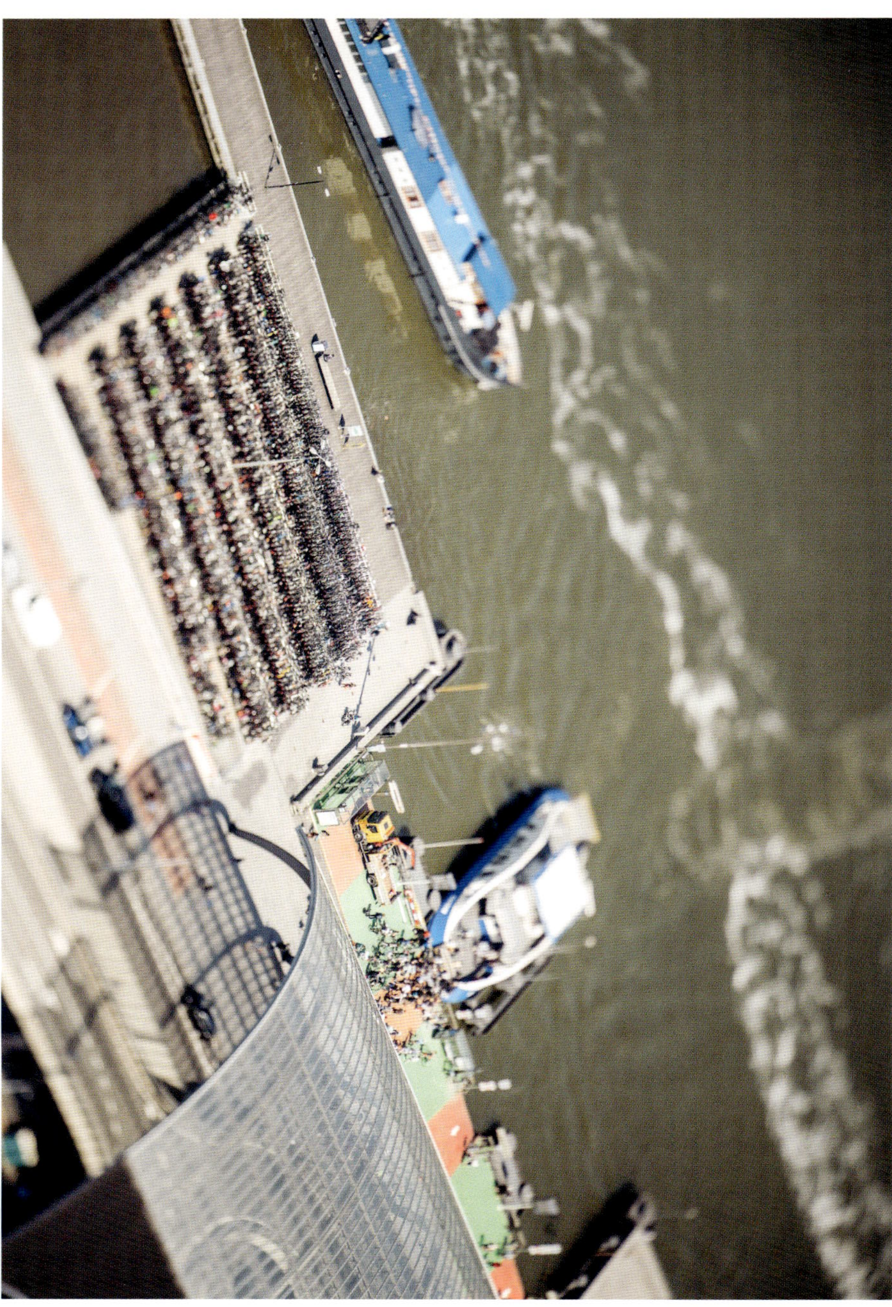

Buiksloterweg

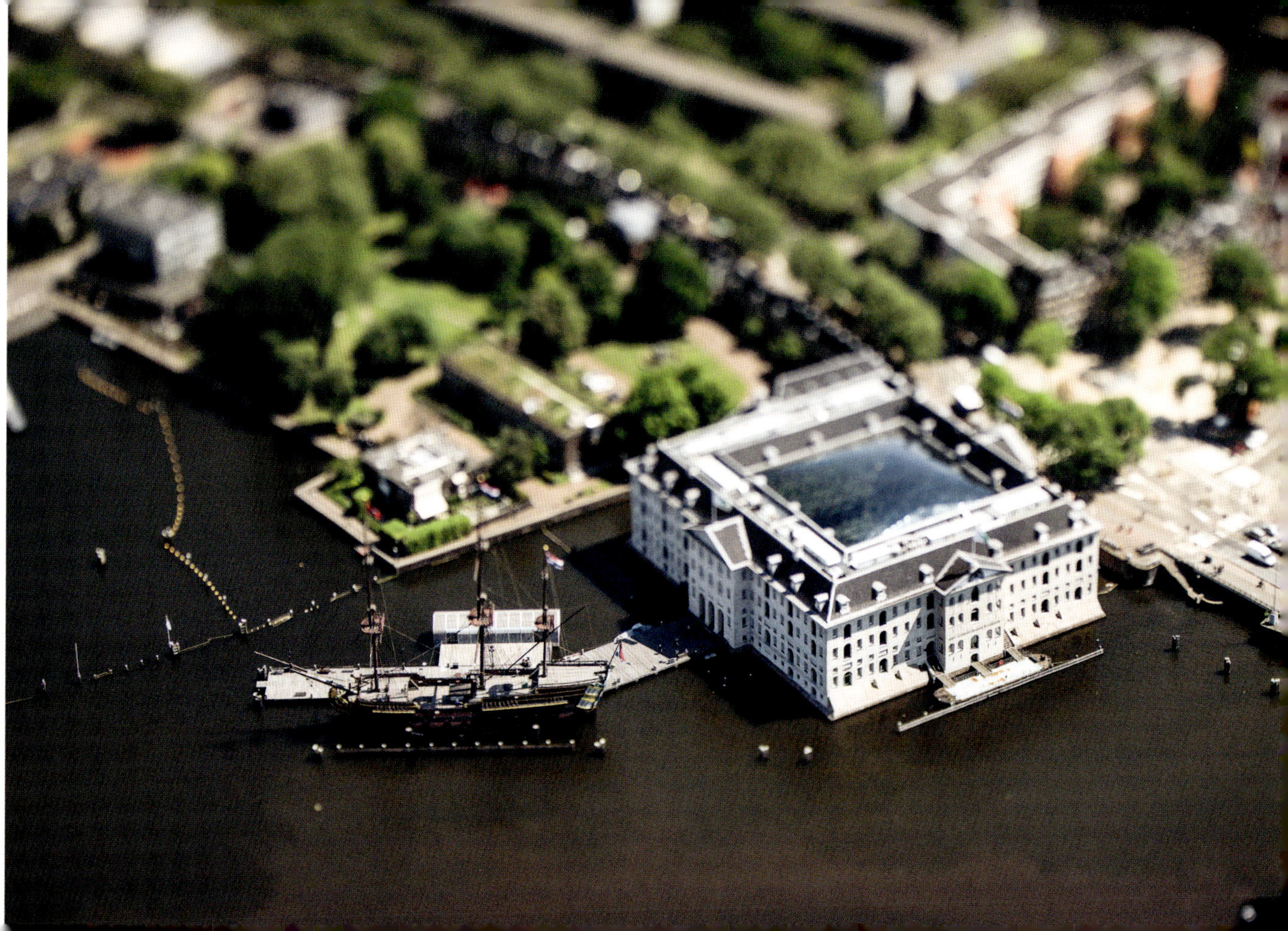

National Maritime Museum

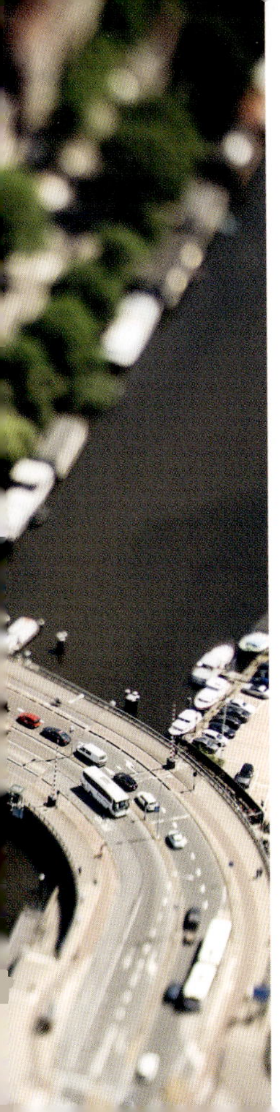

In Amsterdam the water is the mistress and the land the vassal.

Felix Marti-Ibanez, Spanish psychiatrist, publisher and author

In Amsterdam is het water de meesteres en het land de slaaf.

Felix Marti-Ibanez, Spaans psychiater, uitgever en auteur

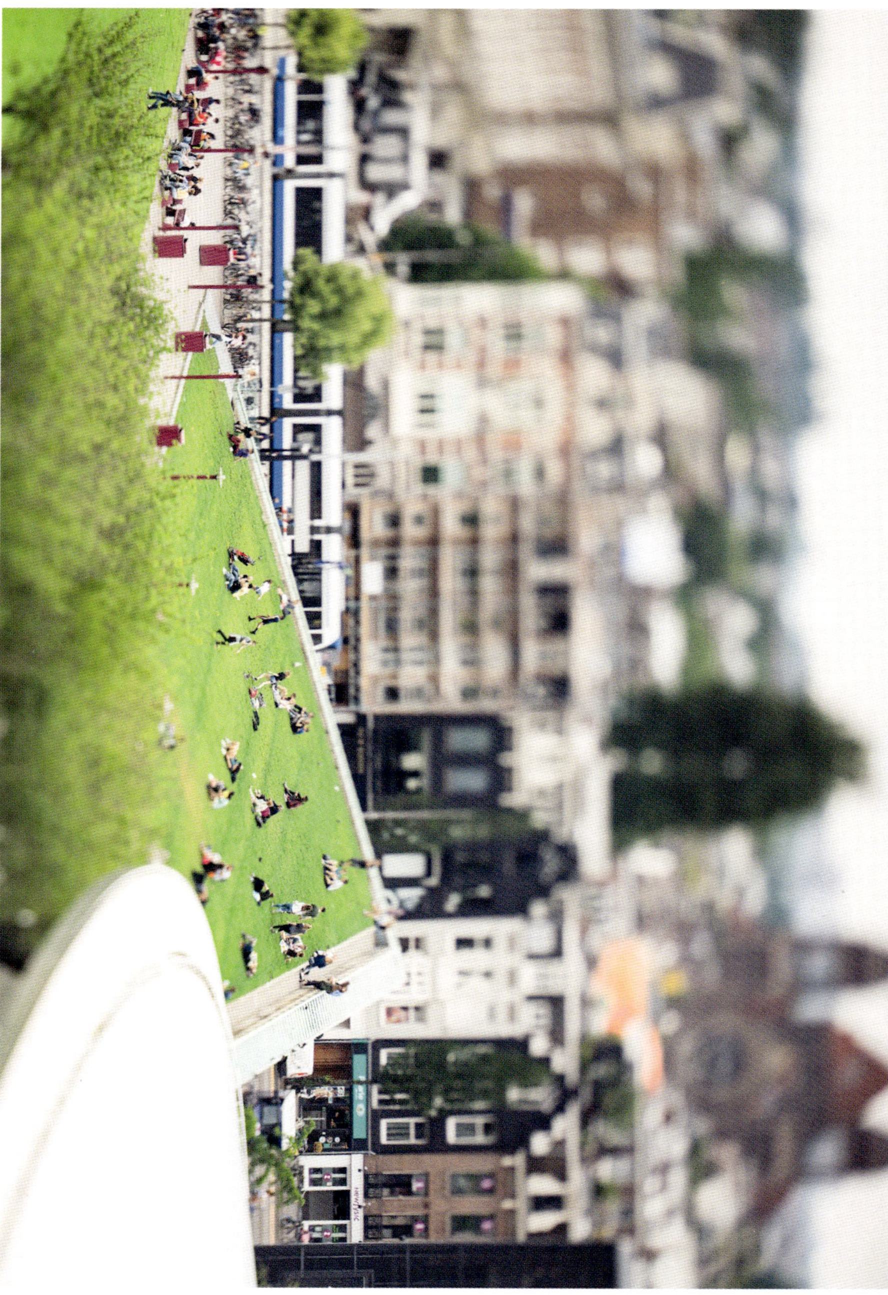

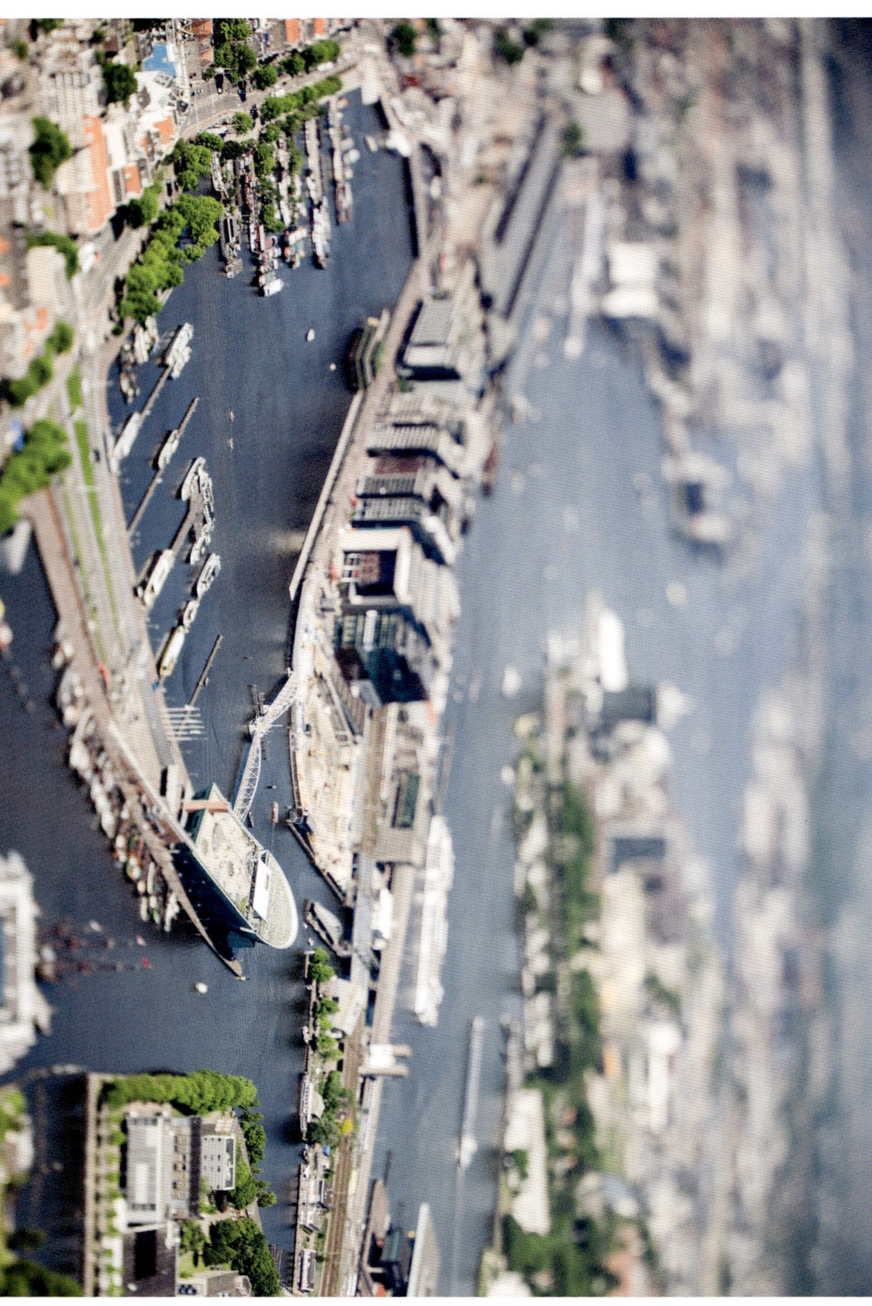

Eastern Dock

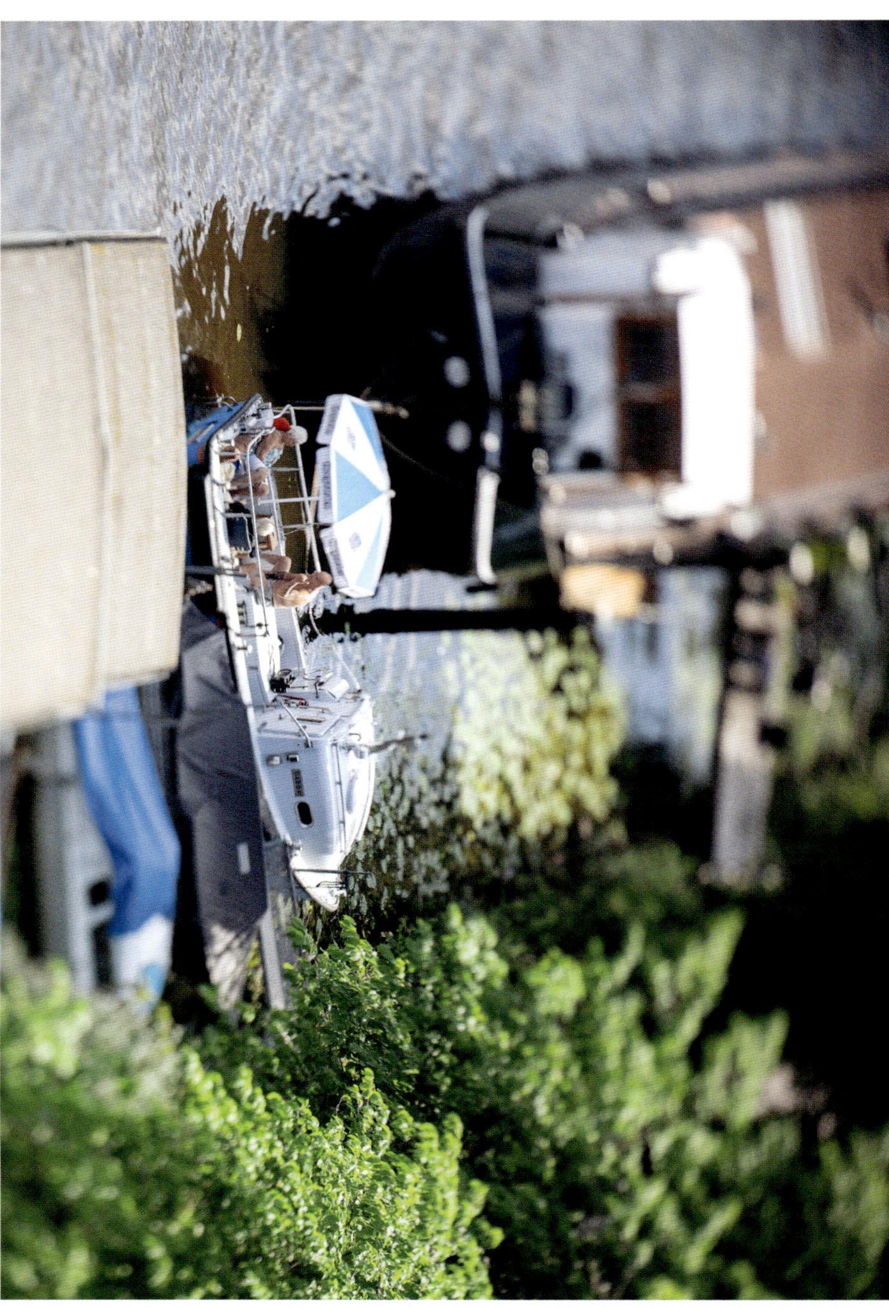

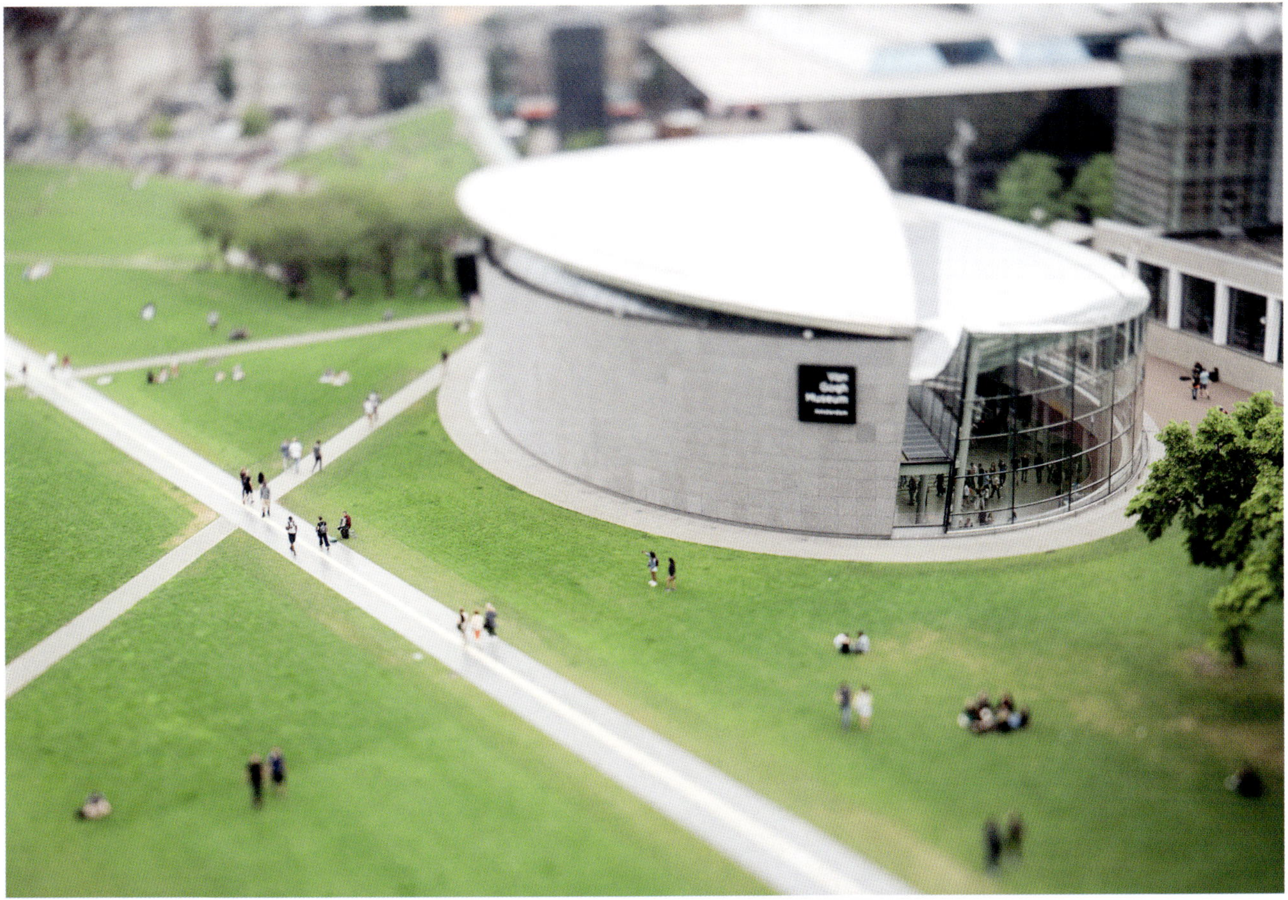

Van Gogh Museum

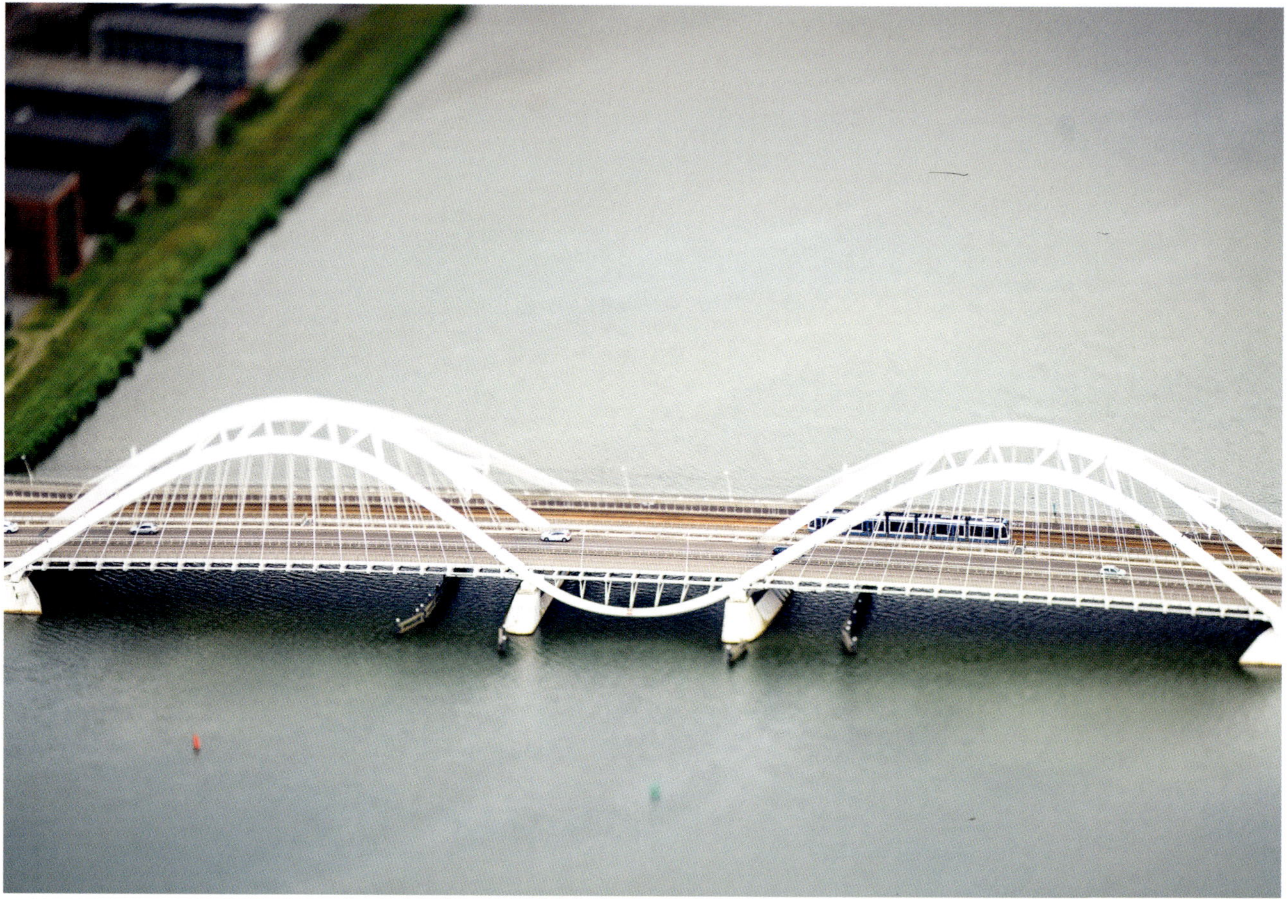

Enneüs Heerma Bridge

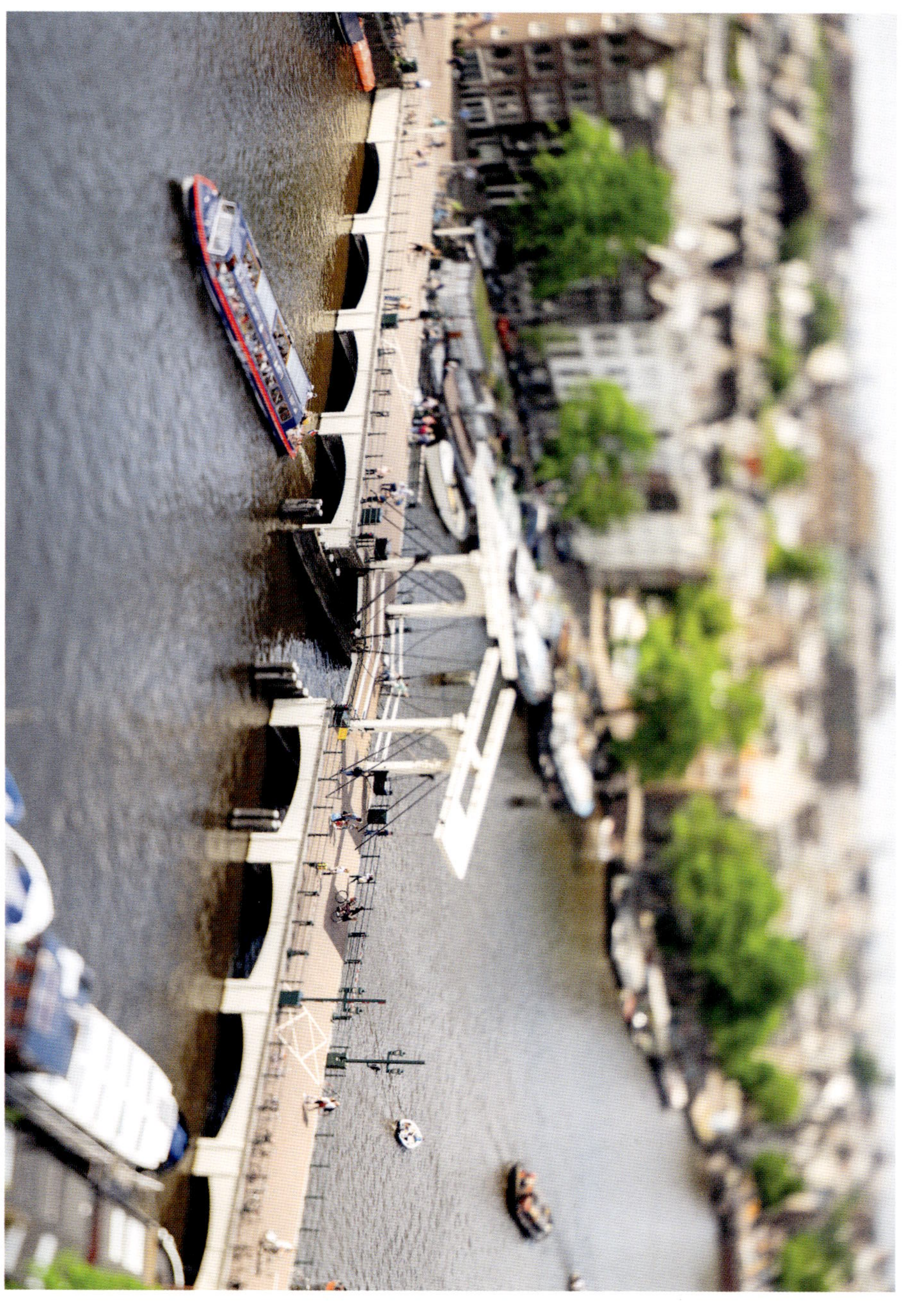

Magere Brug

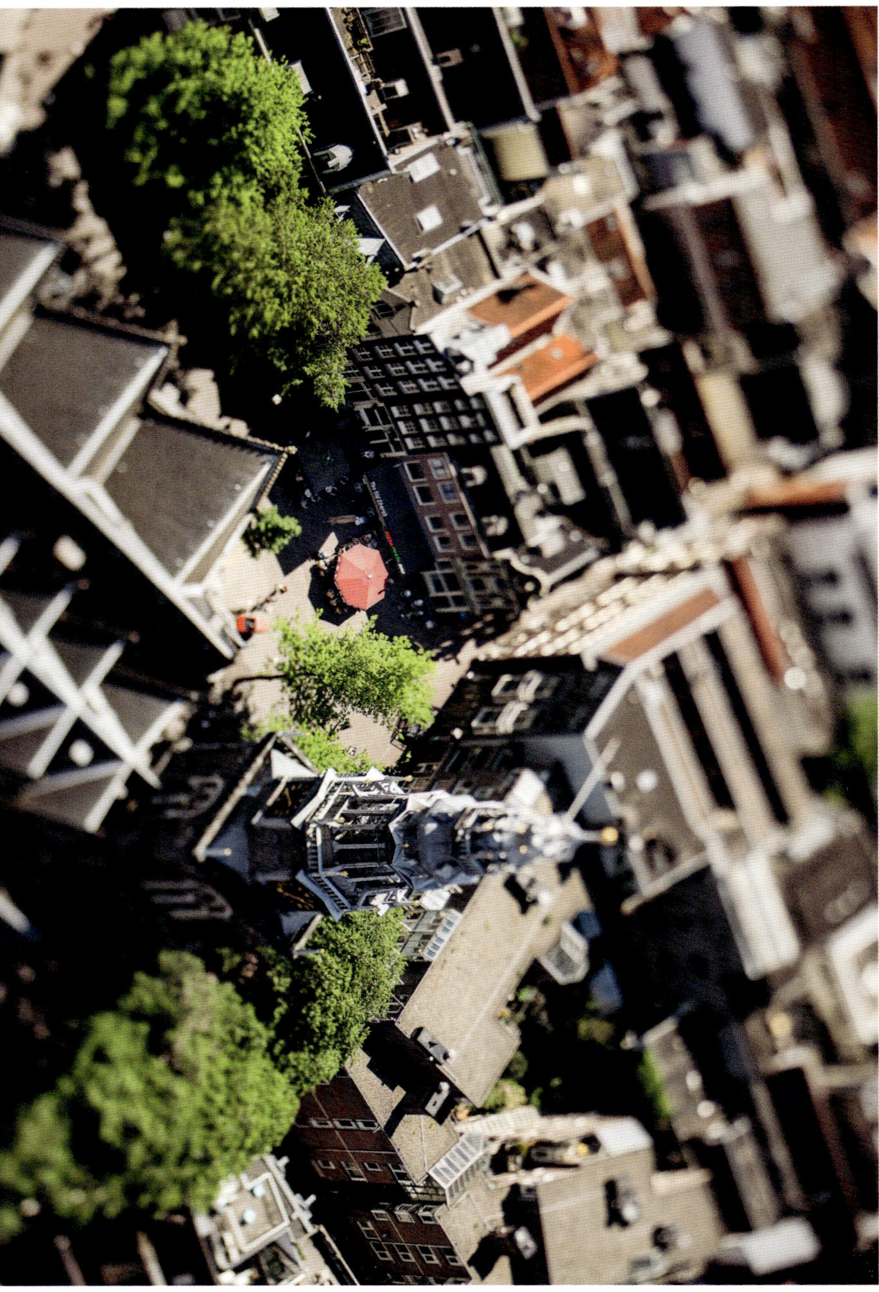

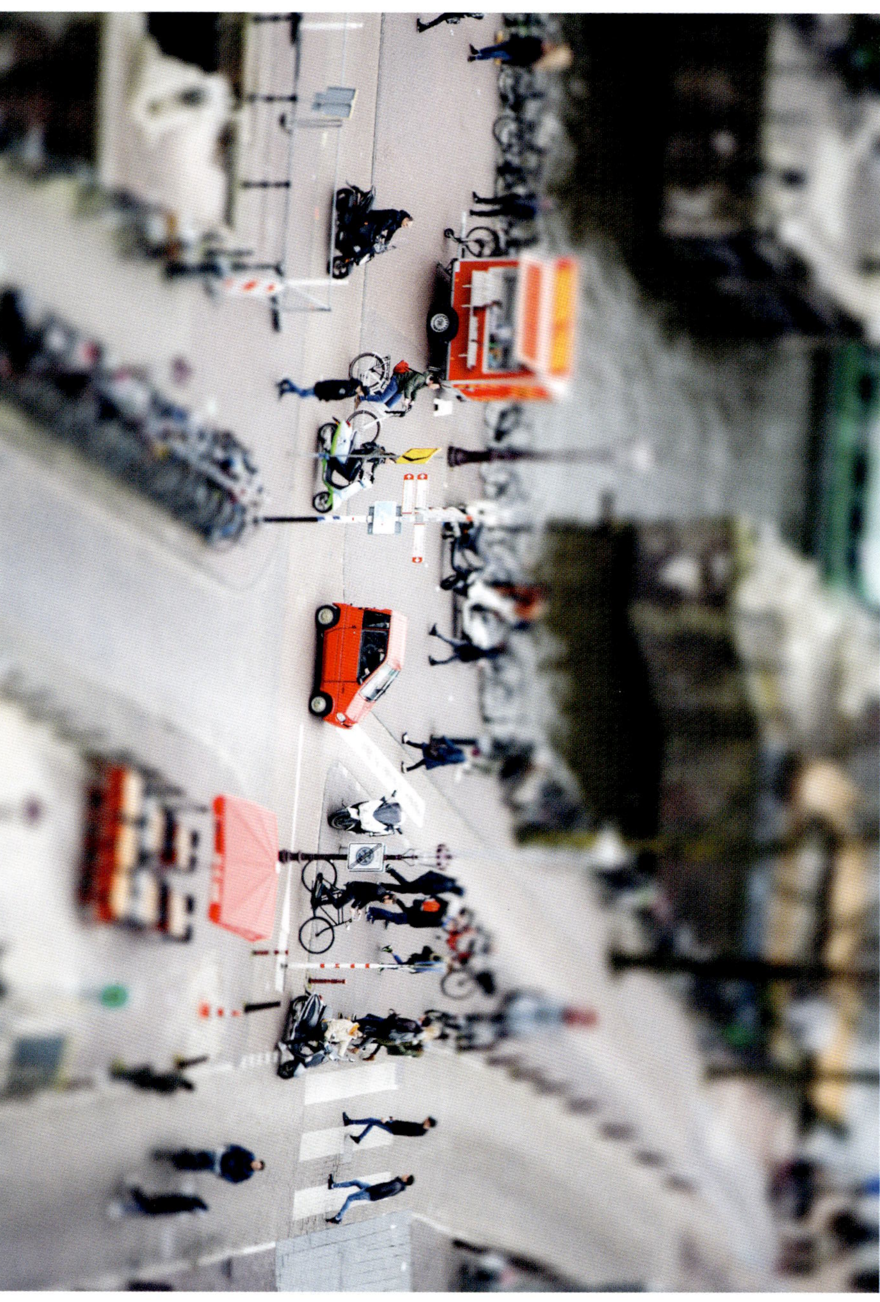

Nieuwendijk

Some tourists think Amsterdam is a city of sin, but in truth it is a city of freedom. And in freedom, most people find sin.

John Green, American author

Sommige toeristen denken dat Amsterdam een zondige stad is, maar in feite is het een vrije stad. En voor de meeste mensen opent vrijheid de deur naar de zonde.

John Green, Amerikaans schrijver

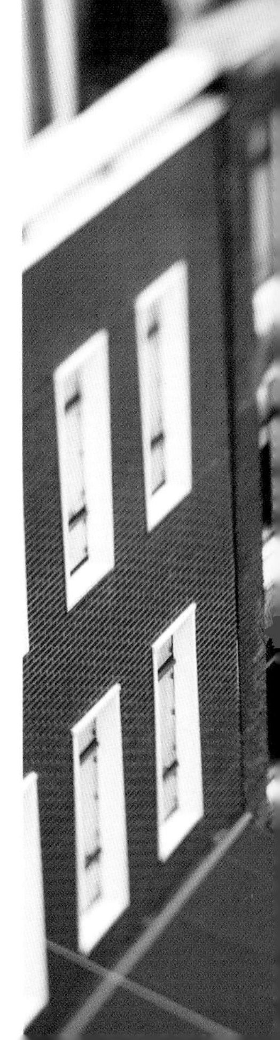

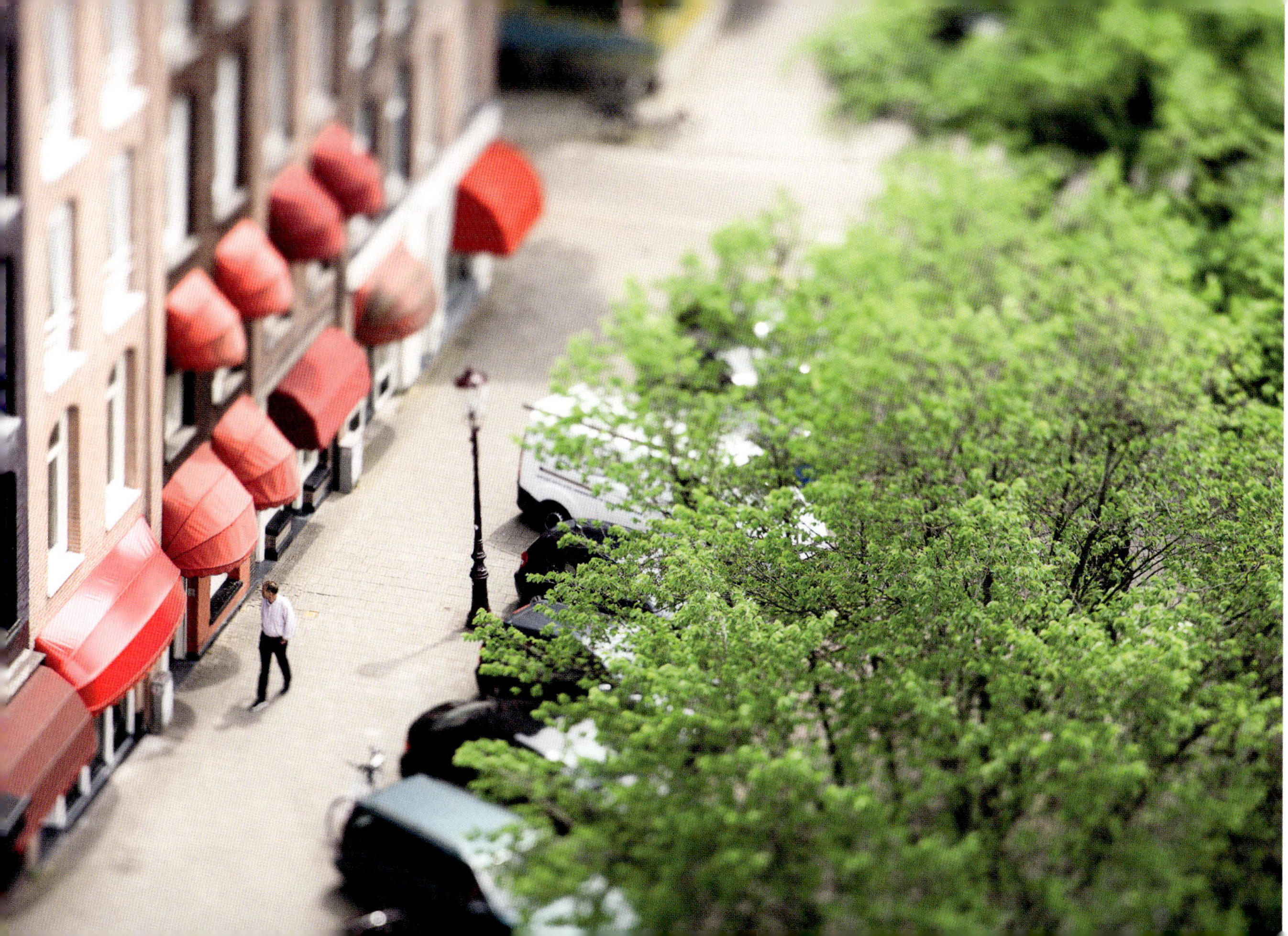

Ruysdaelkade

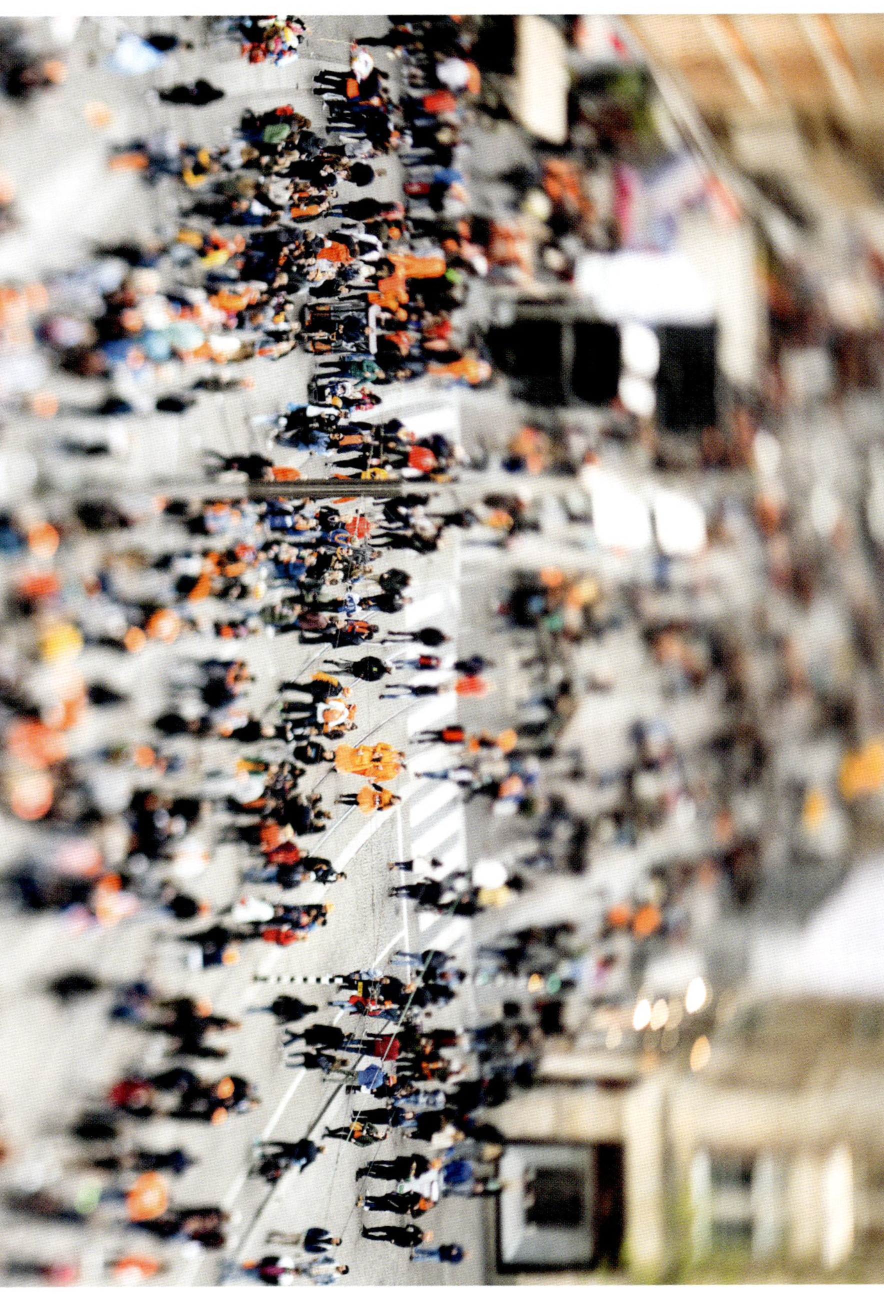

Fo Guang Shan Temple

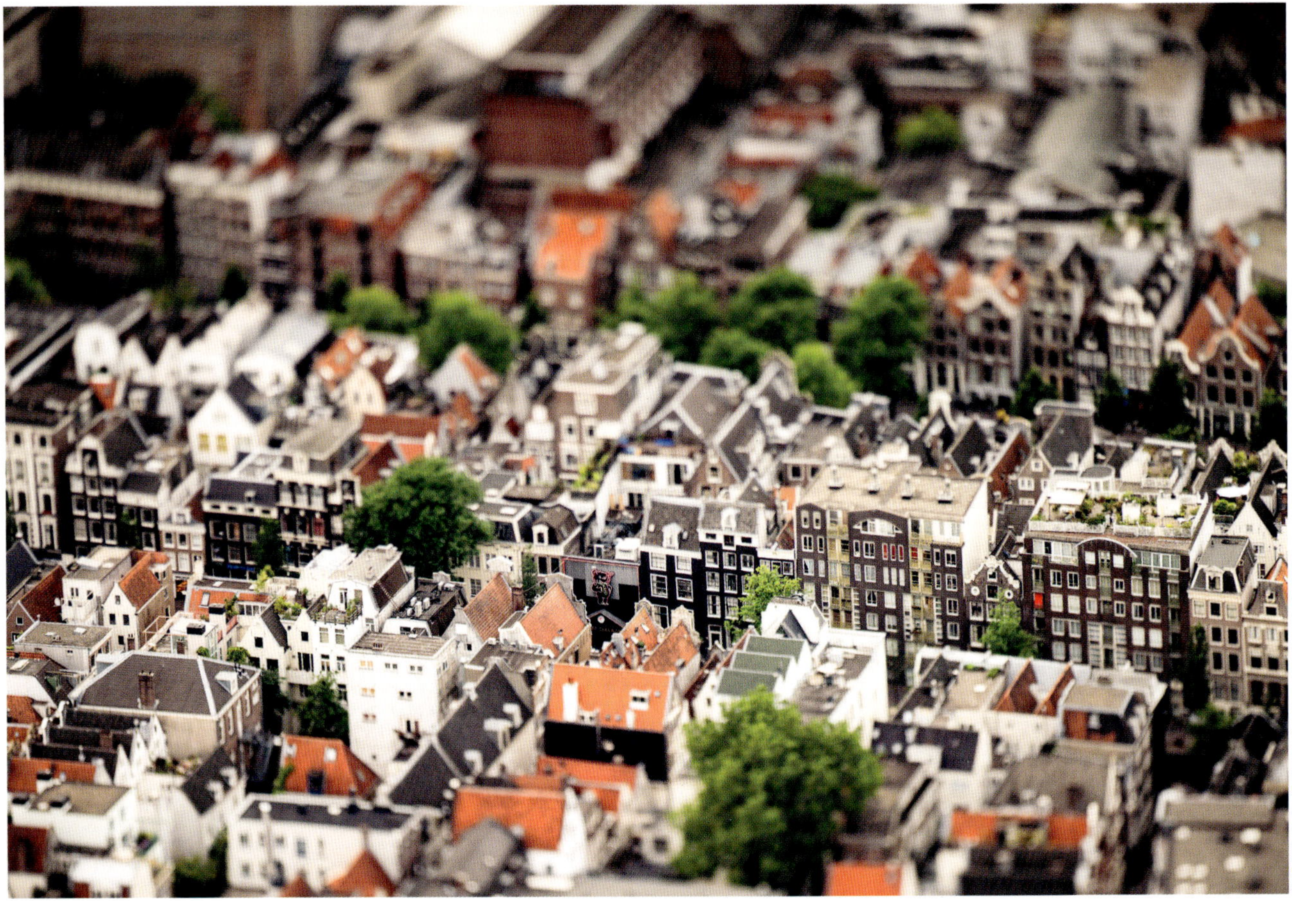

Oudezijds Achterburgwal

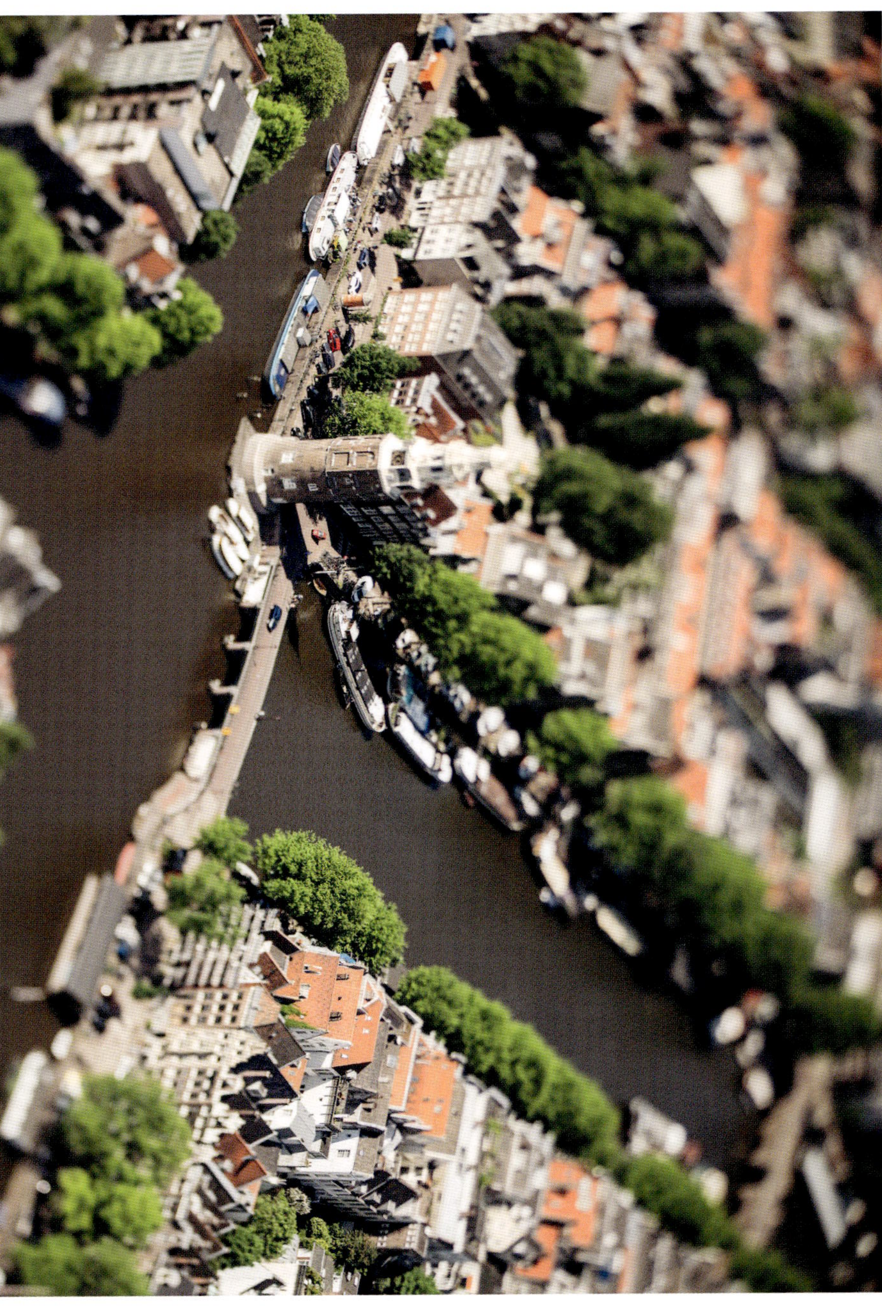

Mantelbaans Tower

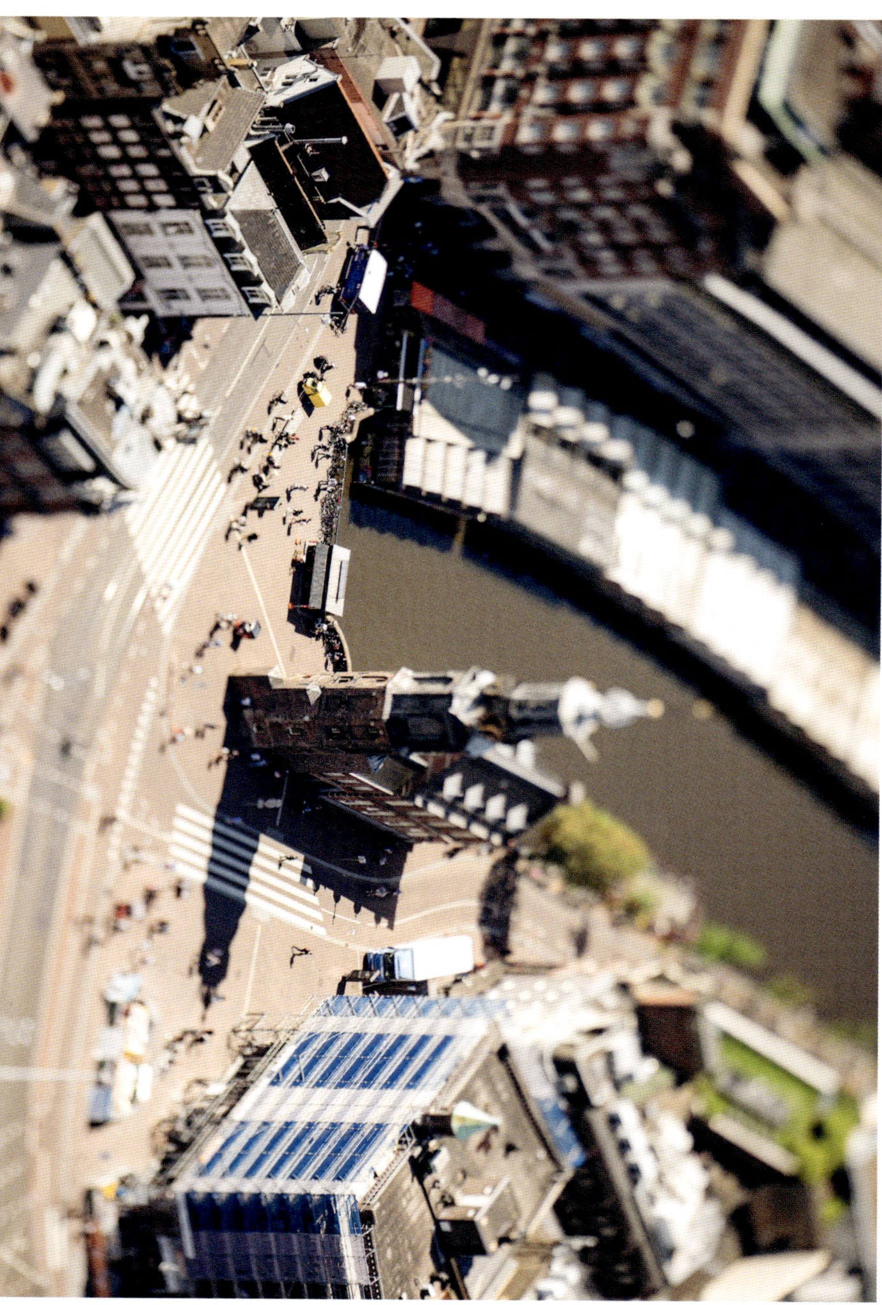

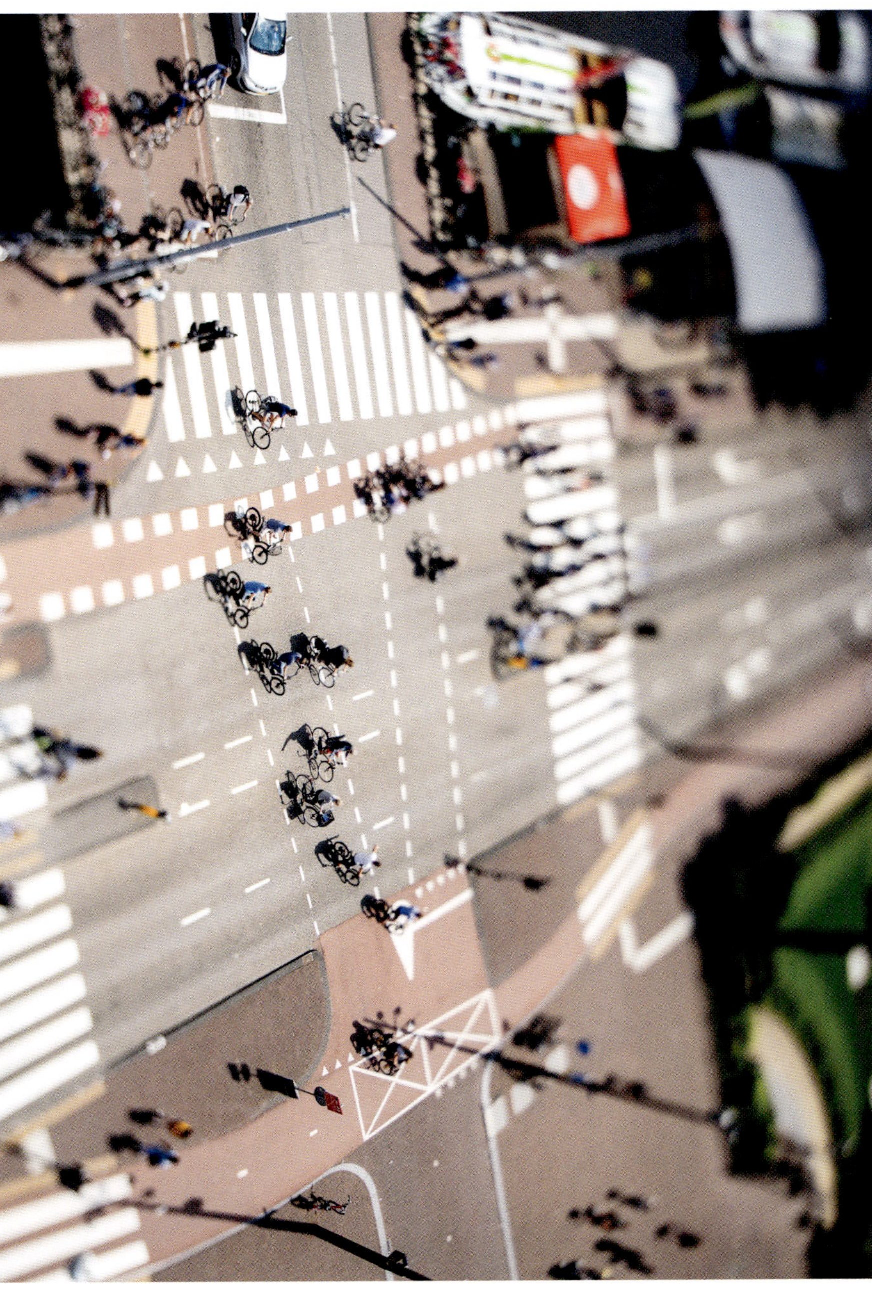

Museum Bridge

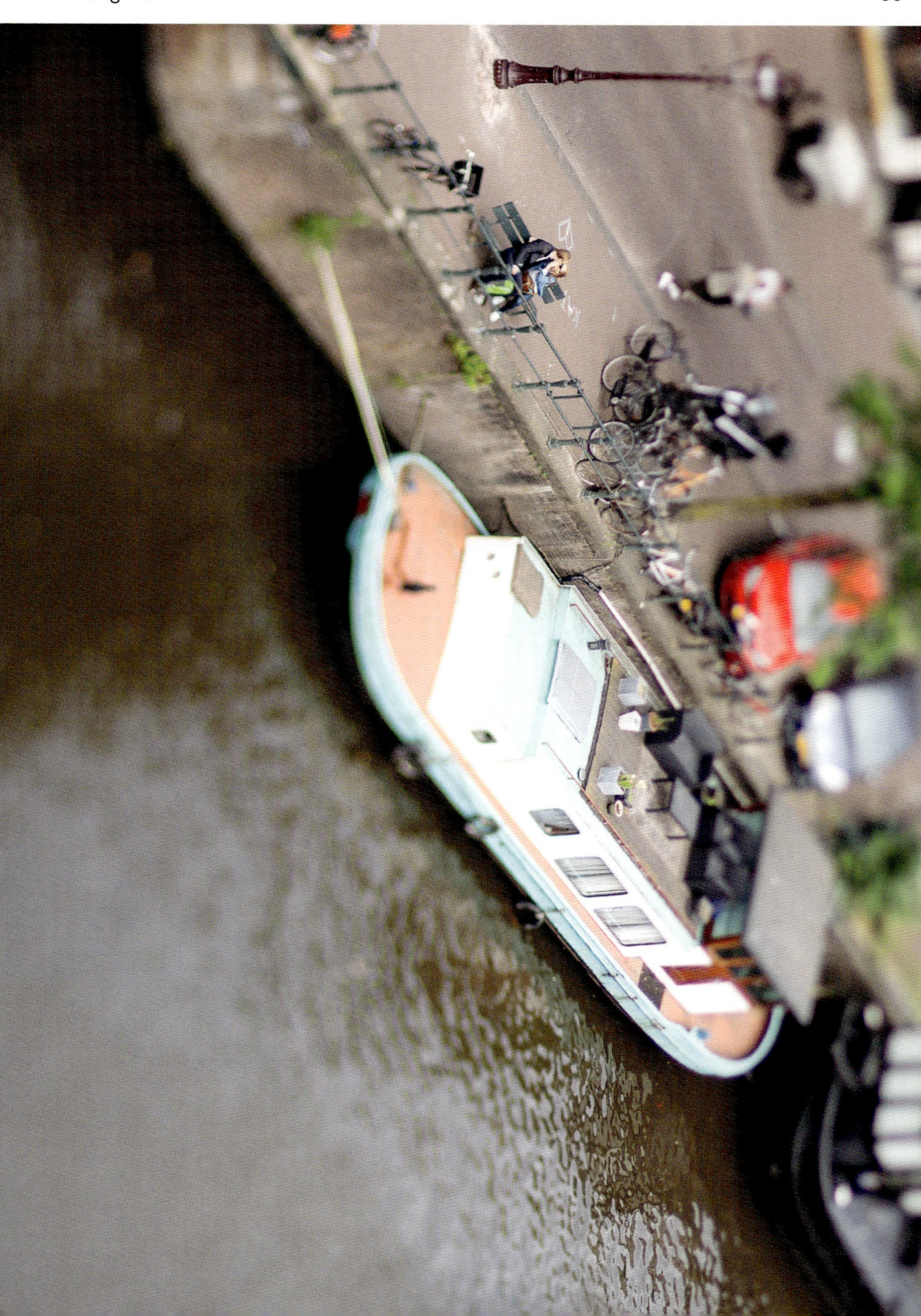

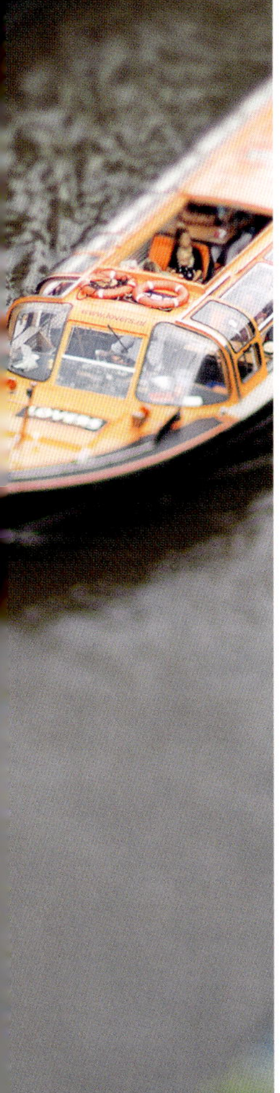

If Amsterdam were a person, it would have the following characteristics: curious, enterprising, conceited, straight-talking, witty, courageous and rebellious. And gorgeous, of course. In short, marriage material.

Eberhard van der Laan, former mayor of Amsterdam

Als Amsterdam een persoon zou zijn, zou deze de volgende karaktereigenschappen hebben: nieuwsgierig, ondernemend, eigenwijs, recht voor zijn raap, geestig, moedig en rebels. En natuurlijk bloedmooi. Kortom trouwmateriaal.

Eberhard van der Laan, voormalig burgemeester van Amsterdam

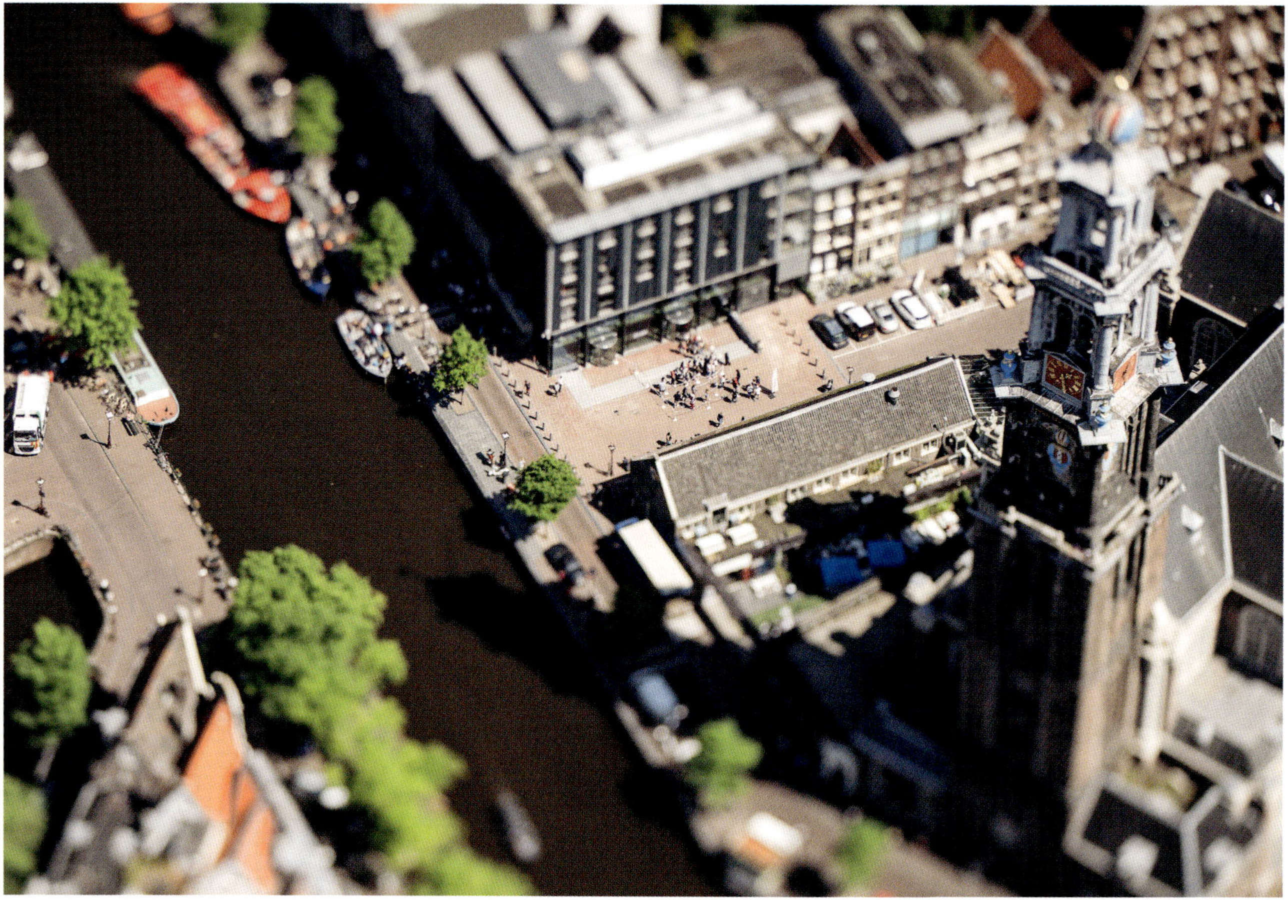

Prinsengracht

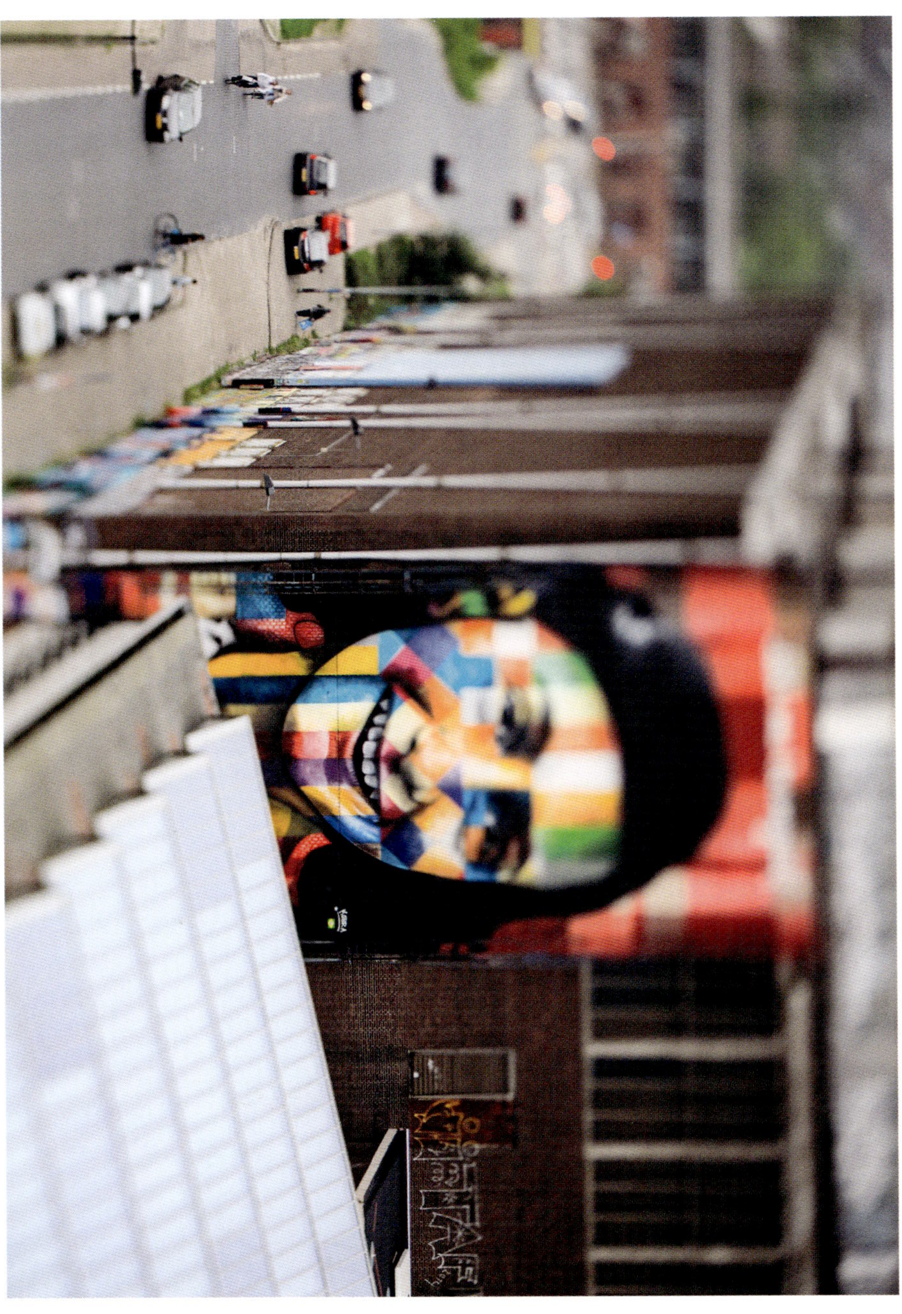

Ms. van Riemsdijkweg

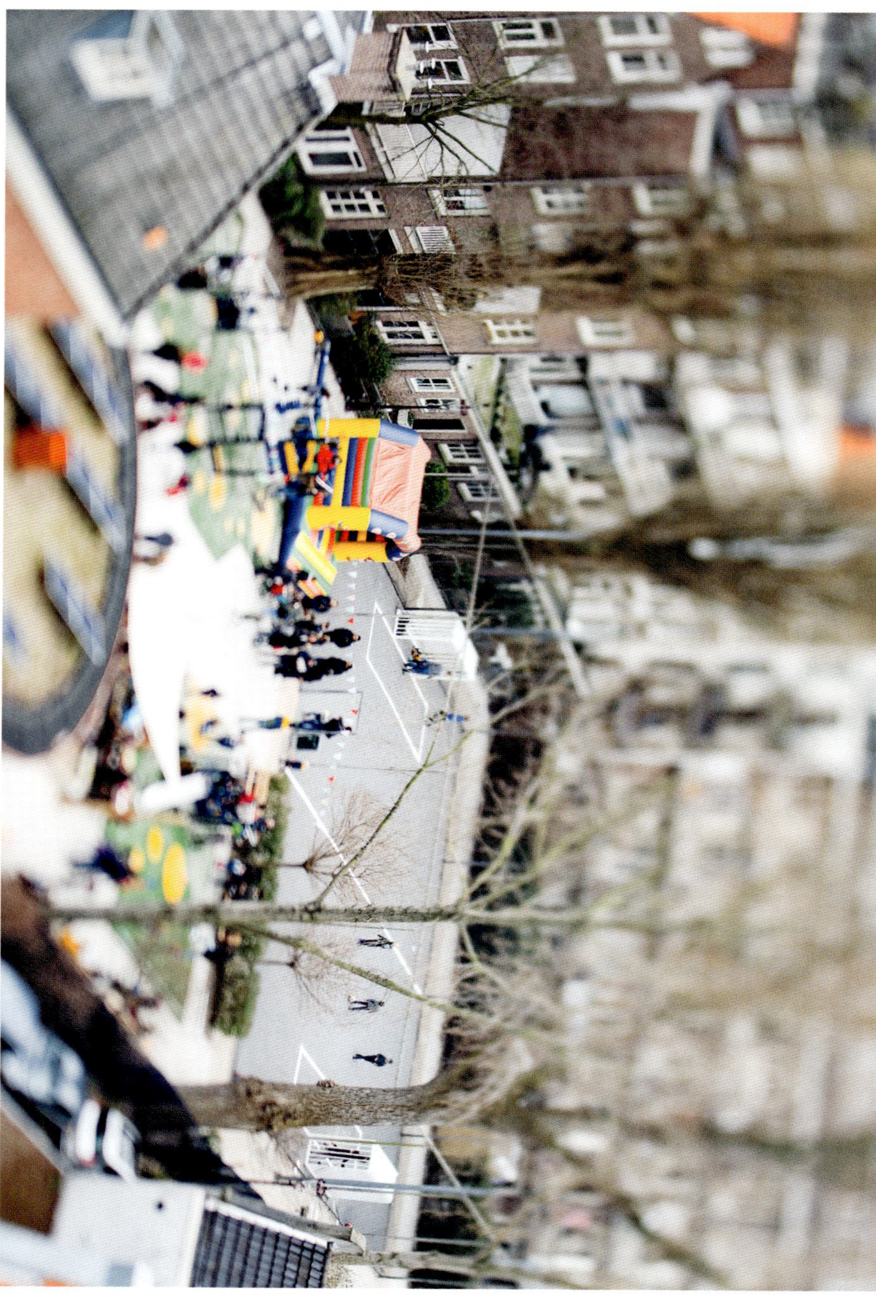

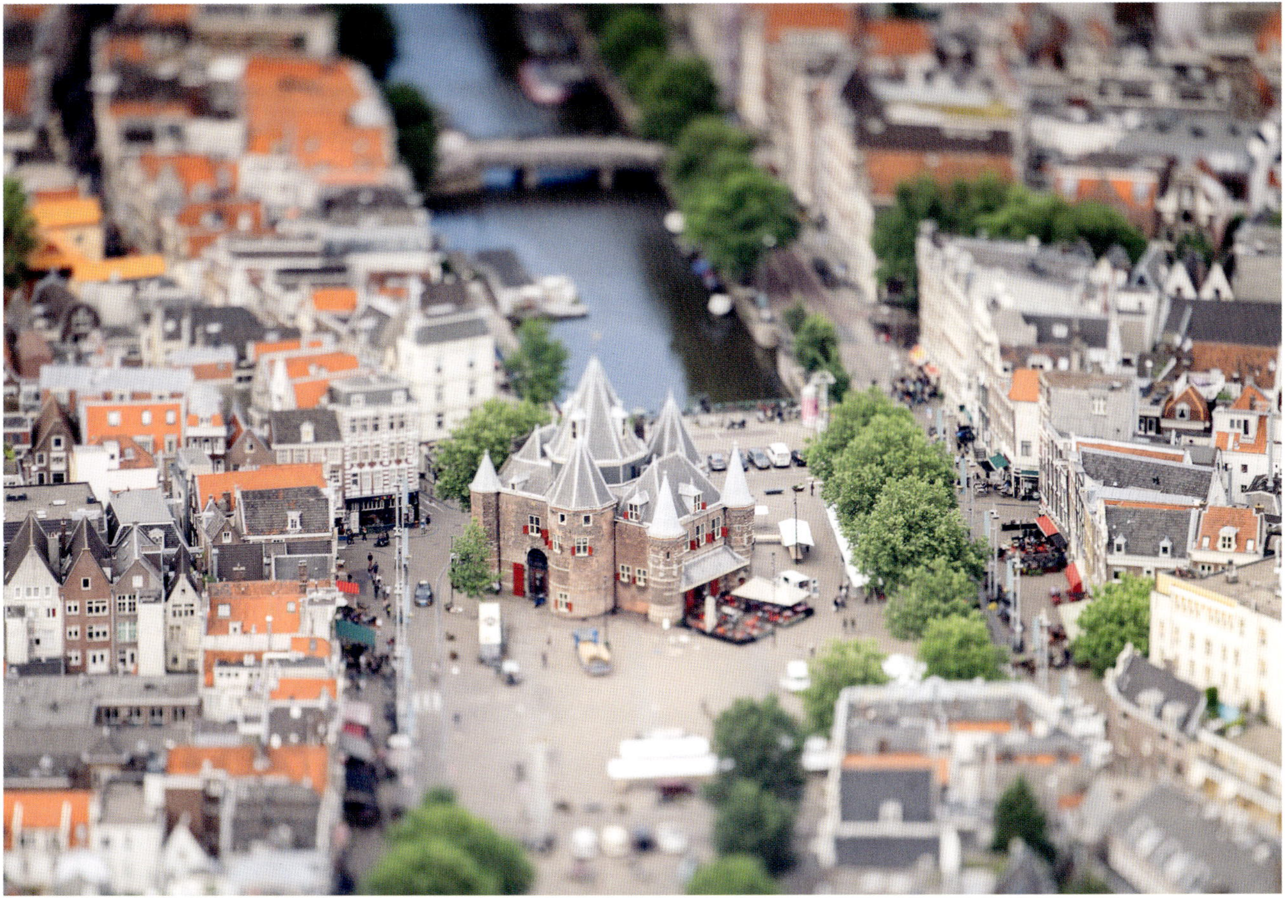

Nieuwmarkt

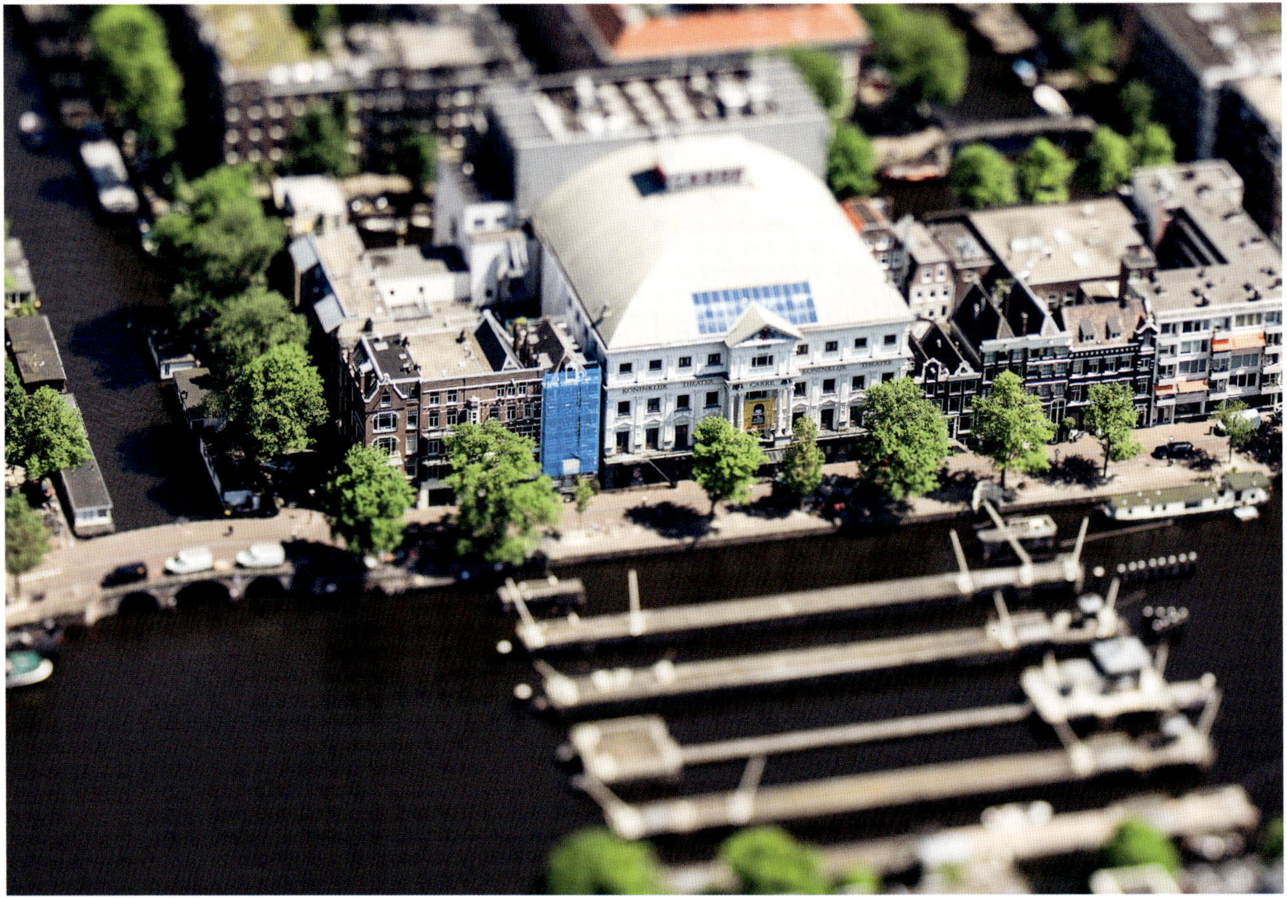

Royal Theatre Carré

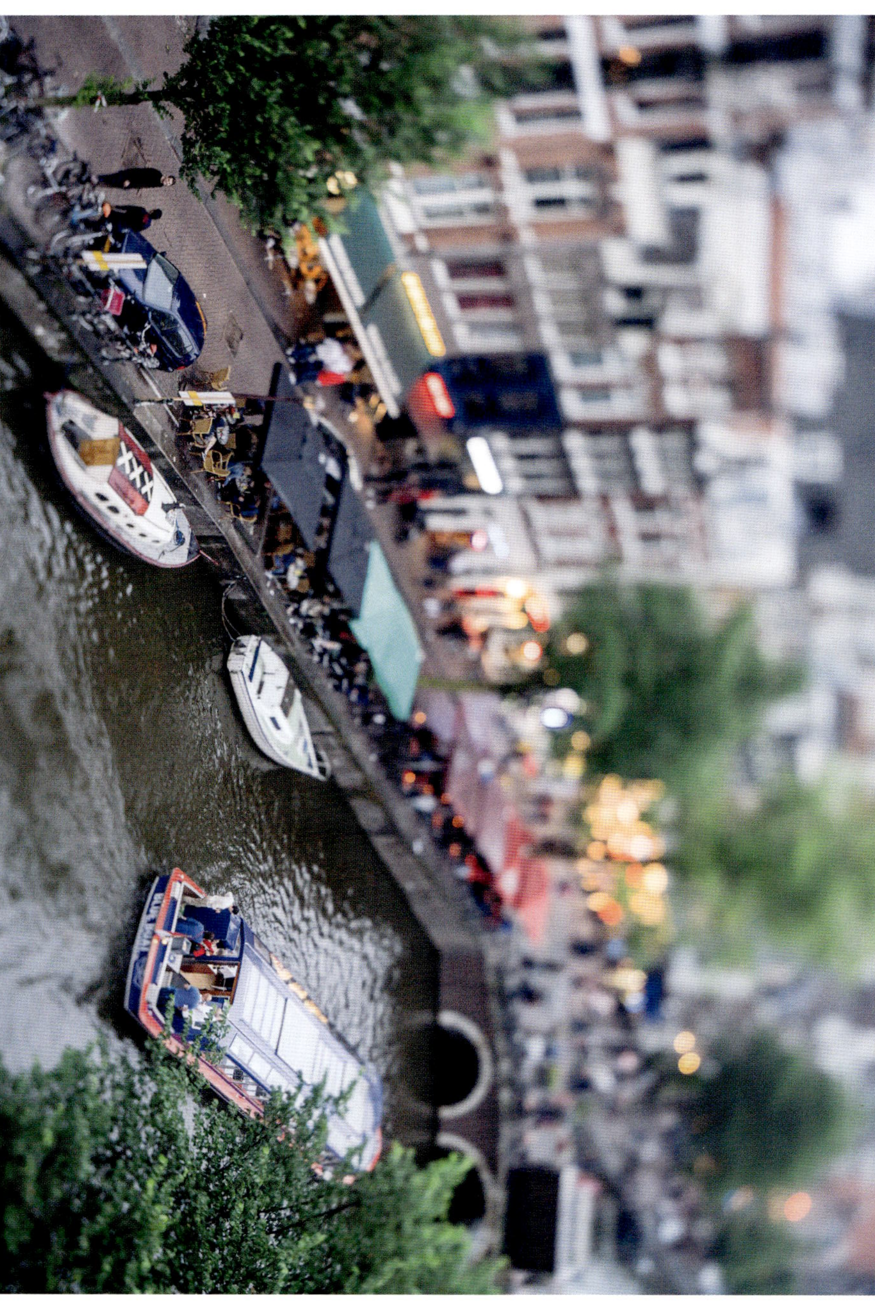

Red-light district 'de Wallen'

This city is a stunningly beautiful woman, a stunningly beautiful woman. You give all you've got, but she doesn't give a damn about you.

Huub van der Lubbe, Dutch actor, poet and singer

Deze stad is een veel te mooie vrouw, een veel te mooie vrouw. Je geeft alles wat je hebt, maar zij geeft geen moer om jou.

Huub van der Lubbe, Nederlands acteur, dichter en zanger

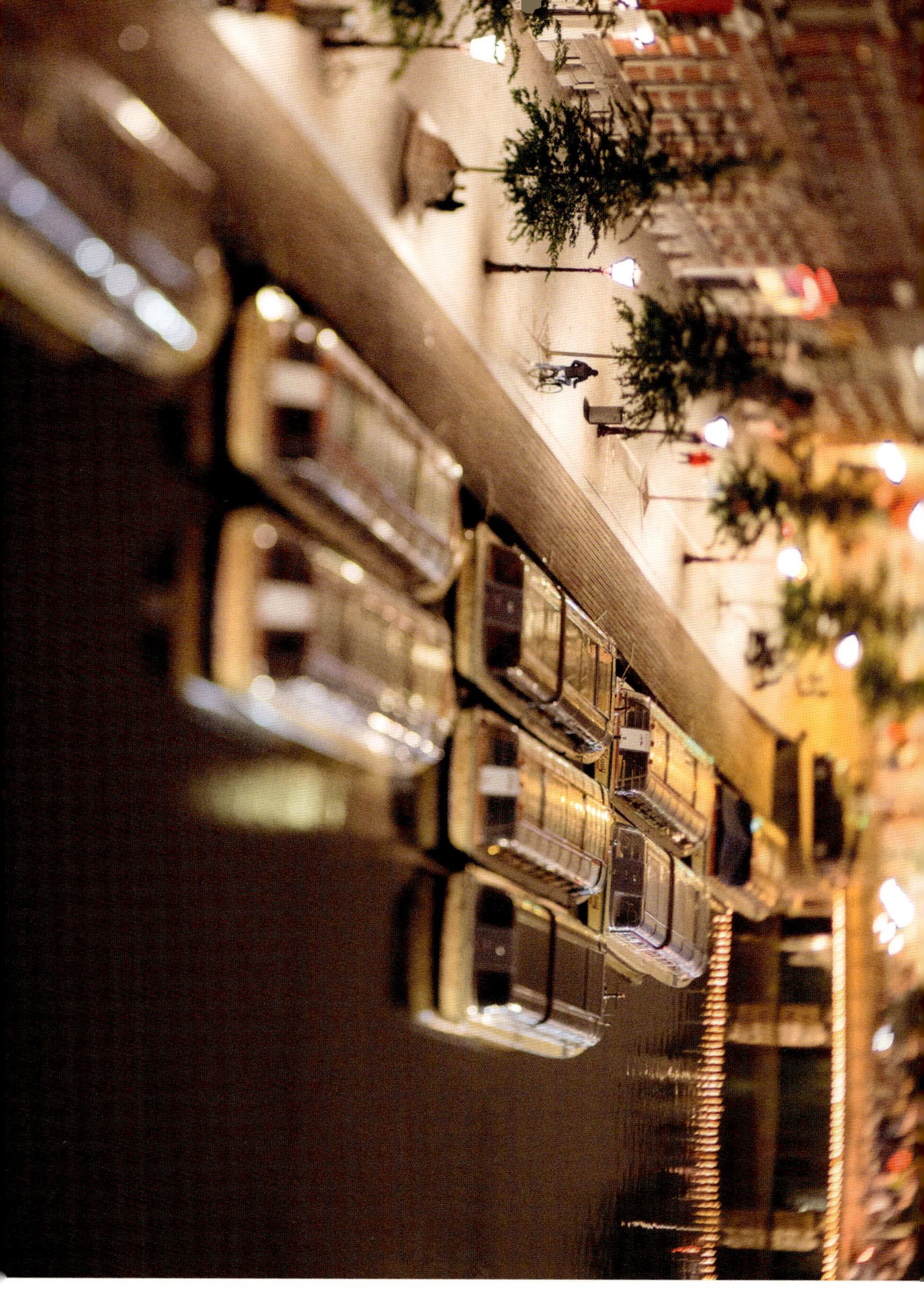

Oude Turfmarkt

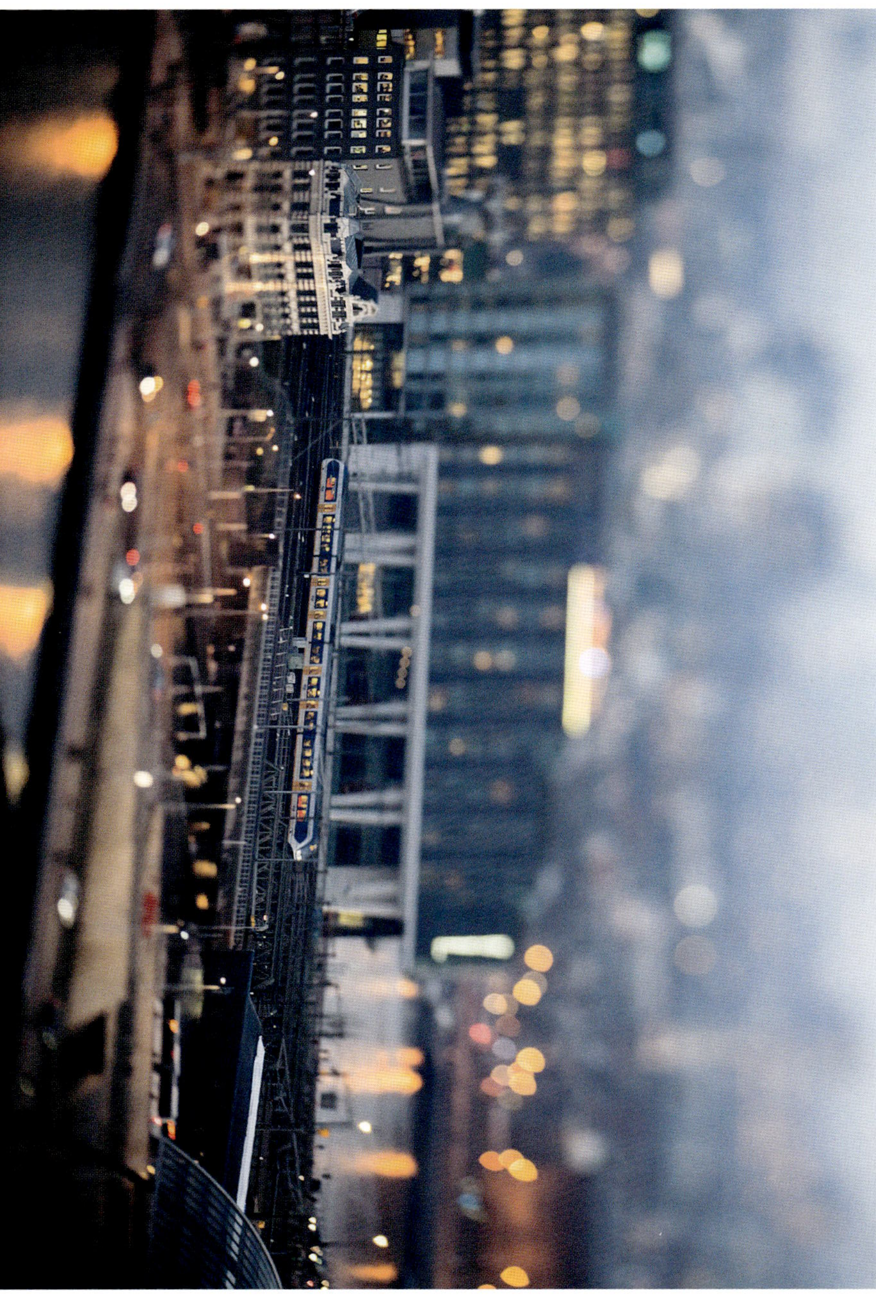

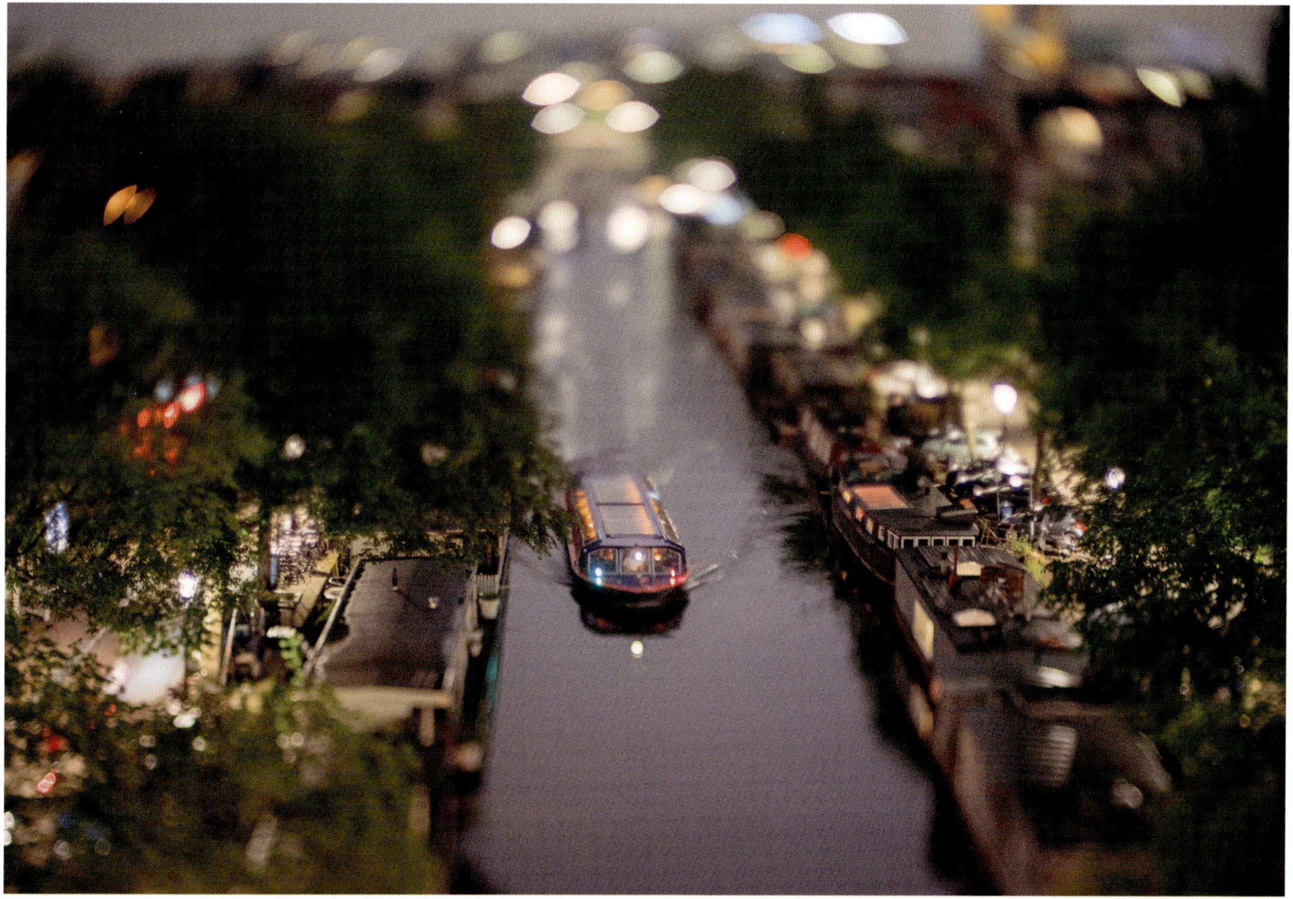

Prinsengracht

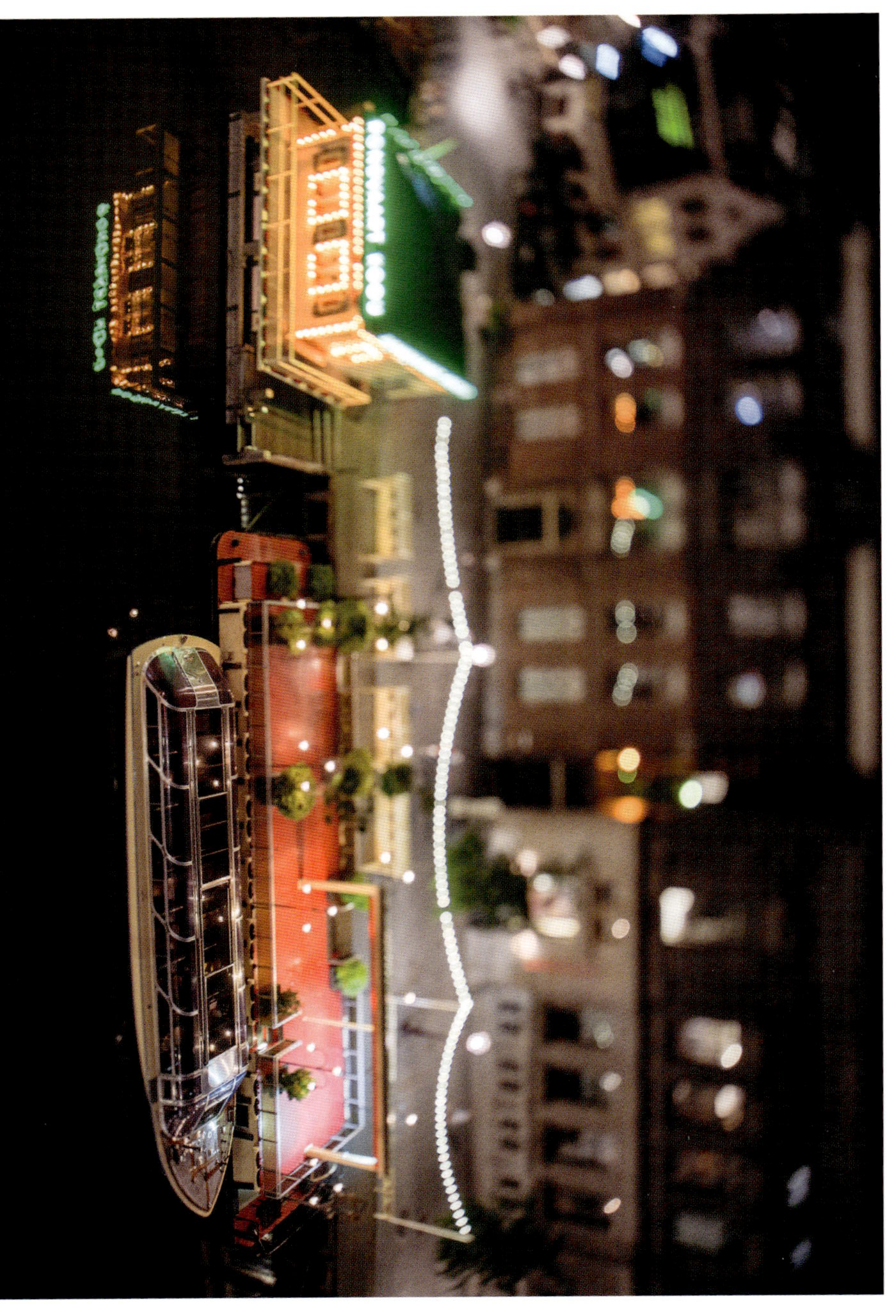

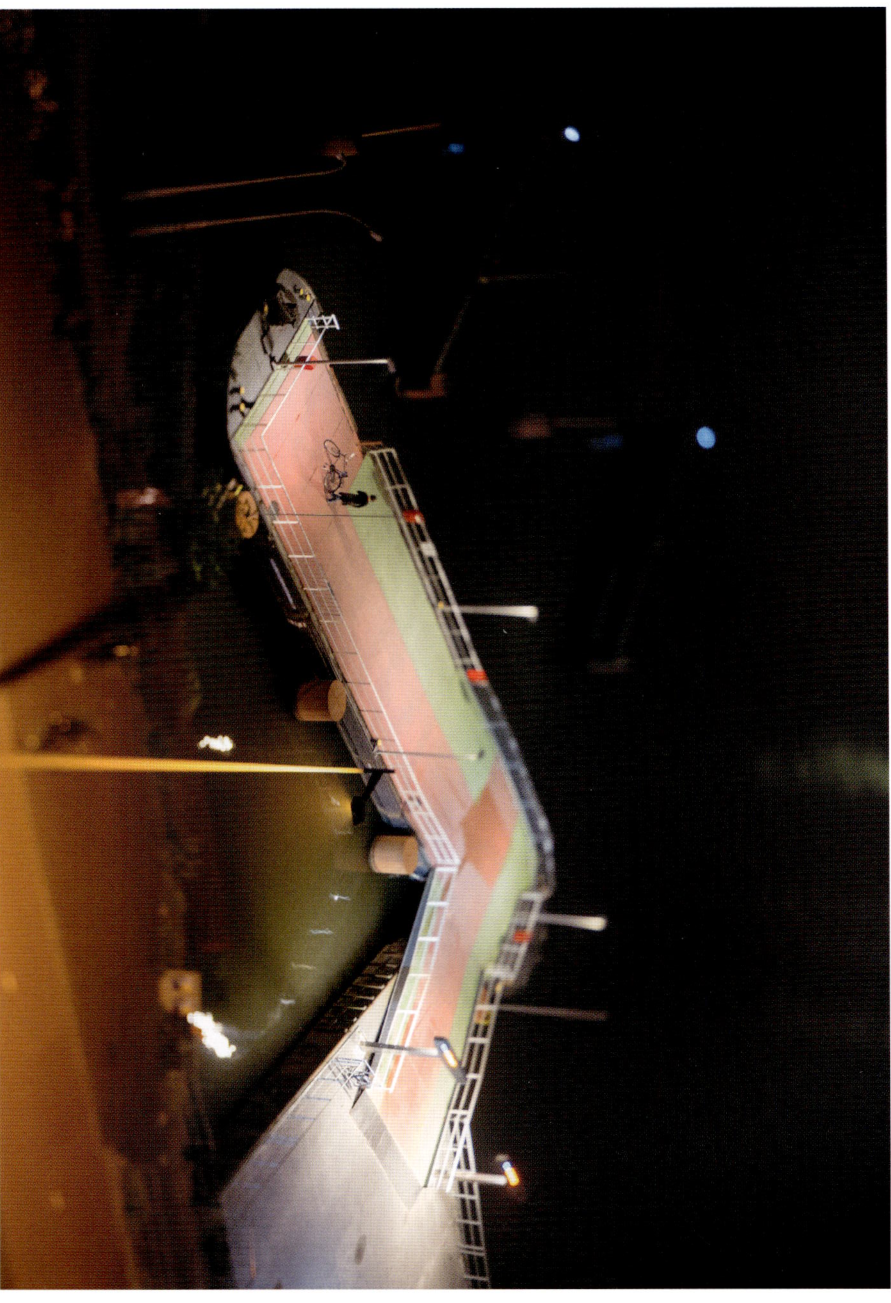

Westerdoksdijk

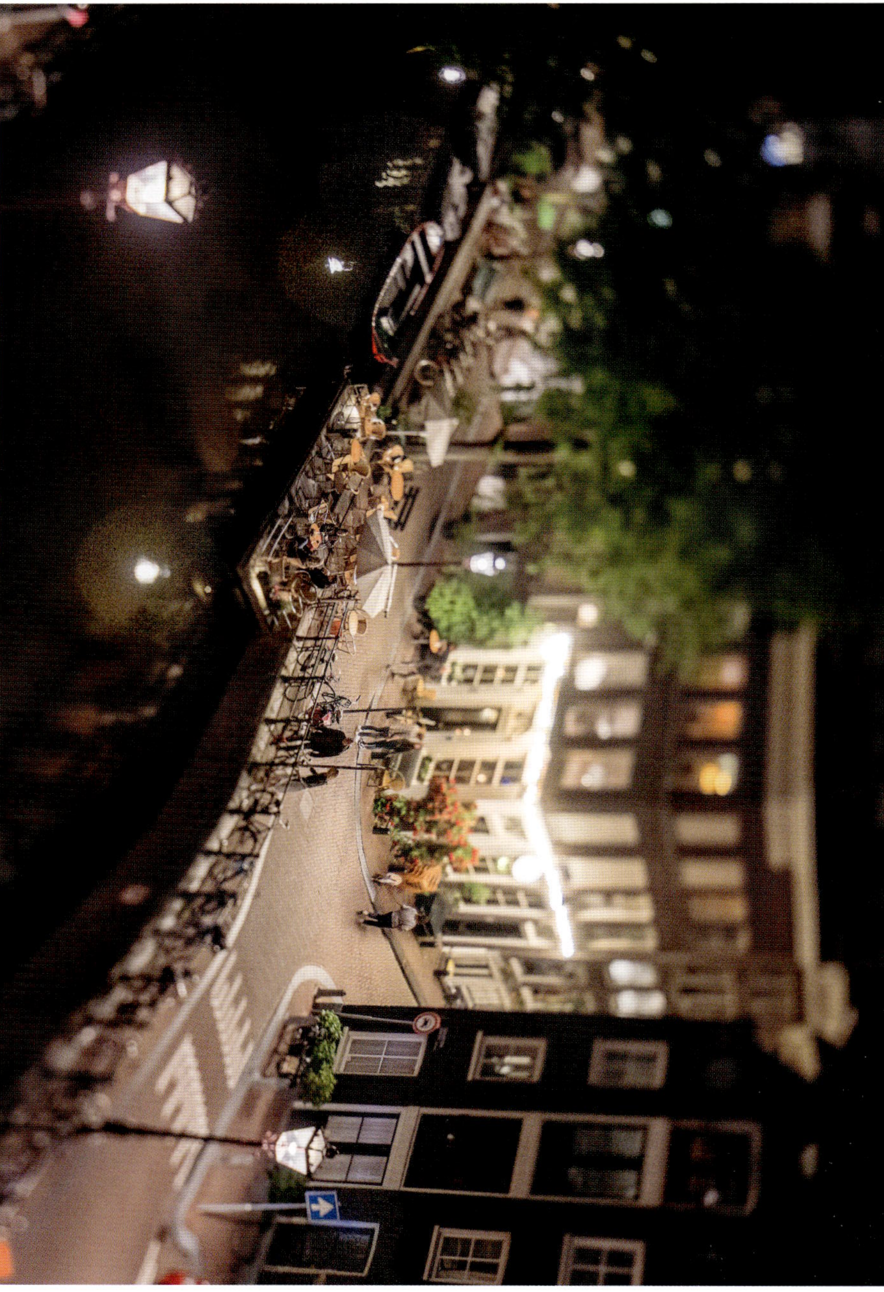

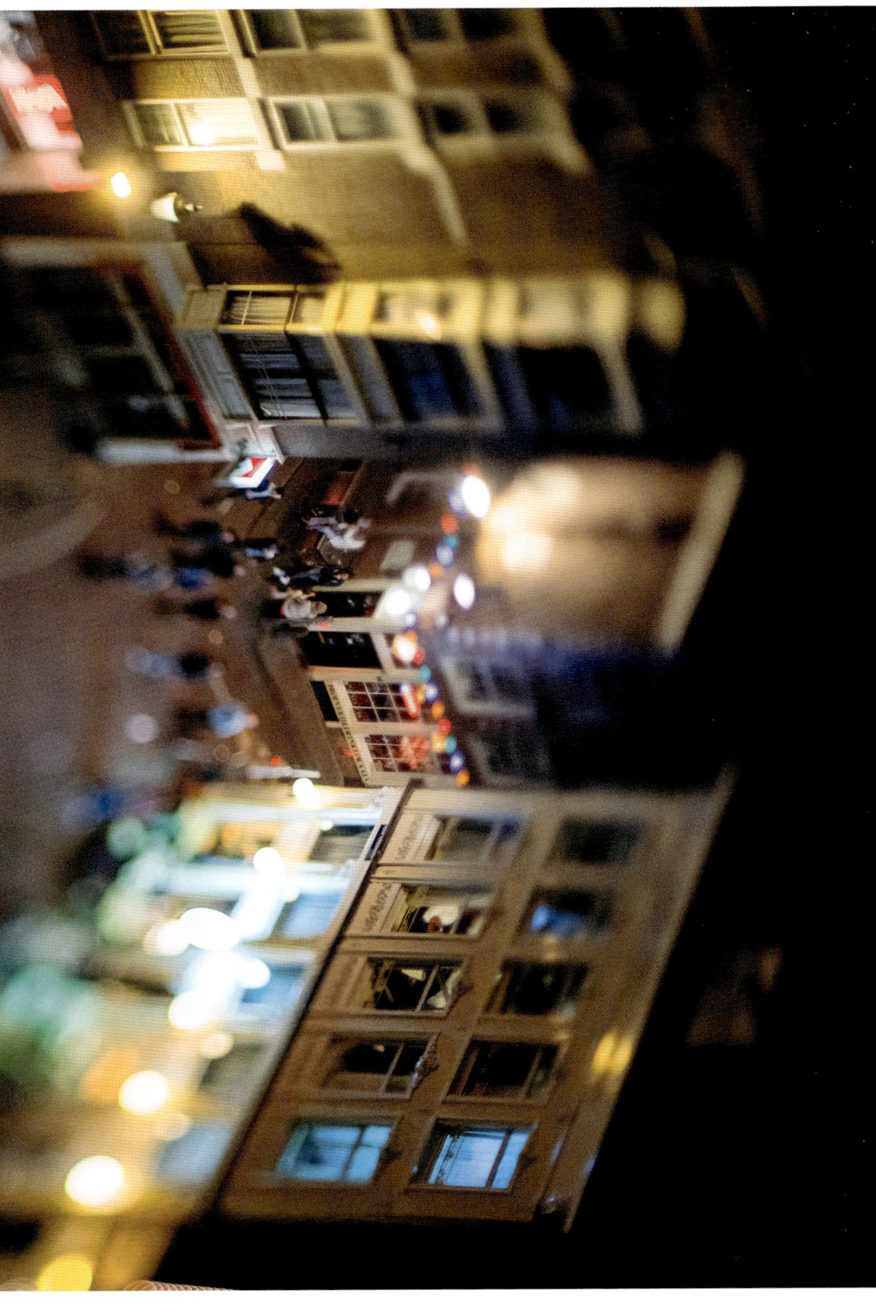

Zeedijk

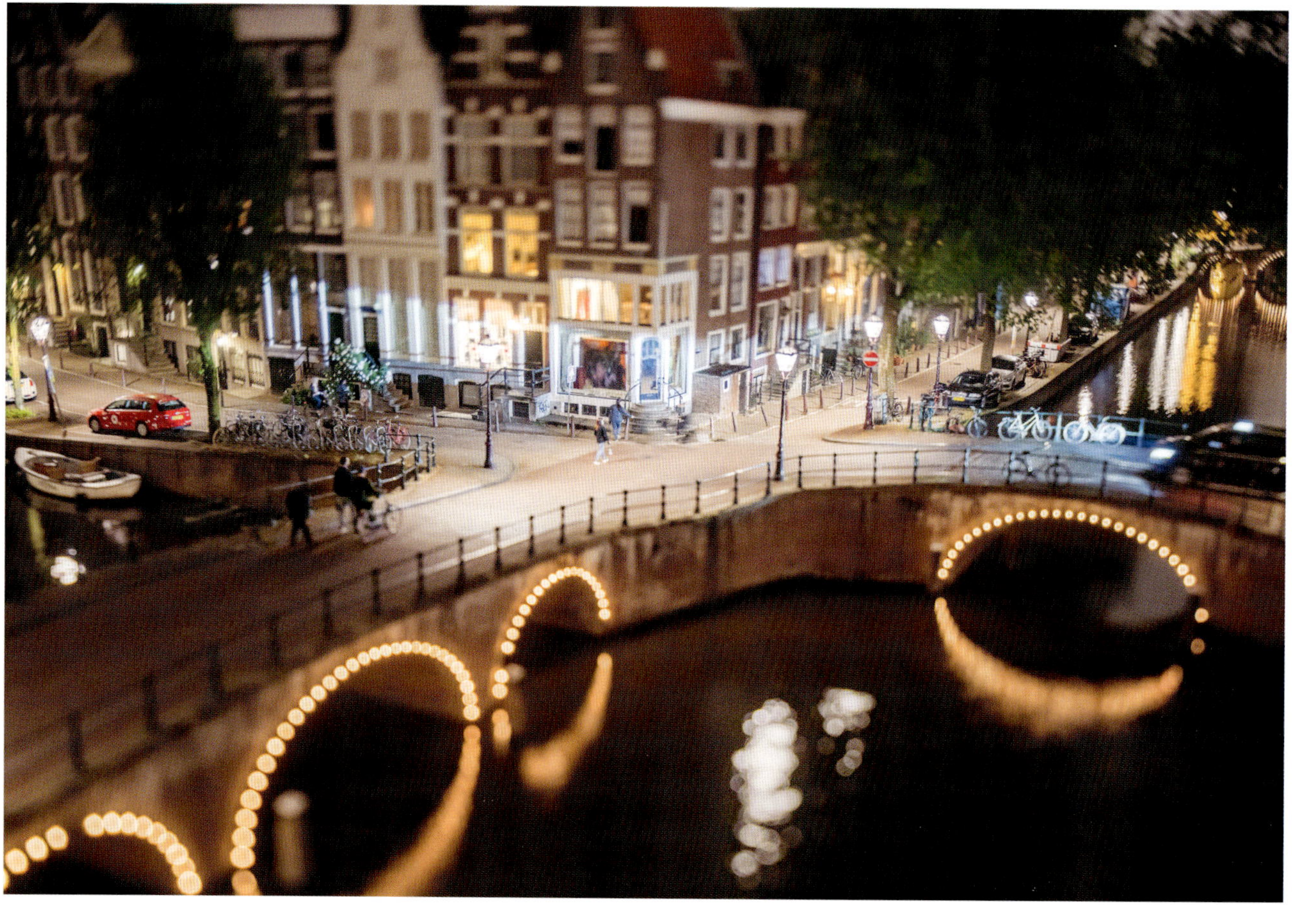

Keizersgracht

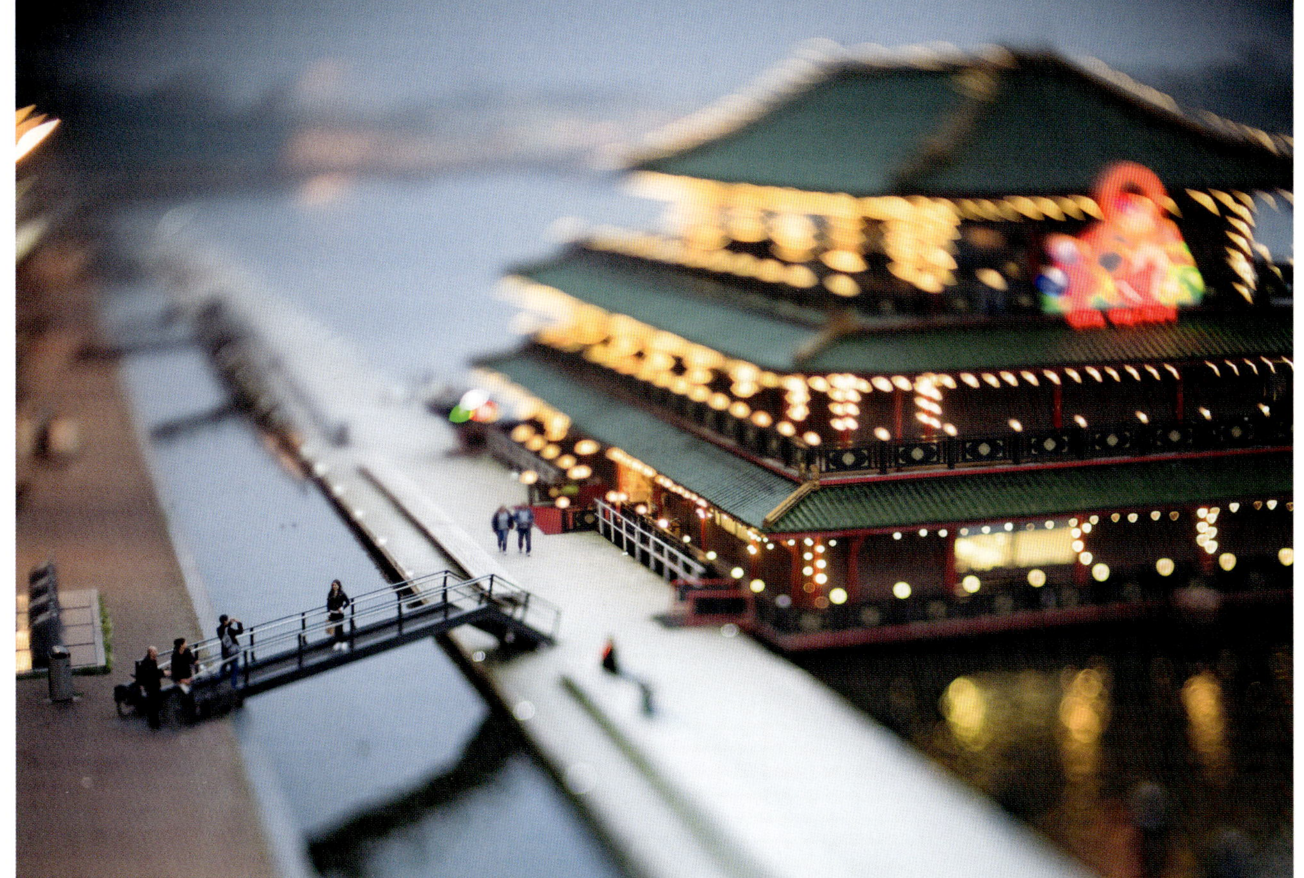

Oosterdokskade

I never go looking for inspiration – I just come across it in Amsterdam.

Hanna Bervoets, Dutch writer

Ik ga nooit op zoek naar inspiratie, daar loop ik in Amsterdam gewoon tegenaan.

Hanna Bervoets, Nederlands schrijfster

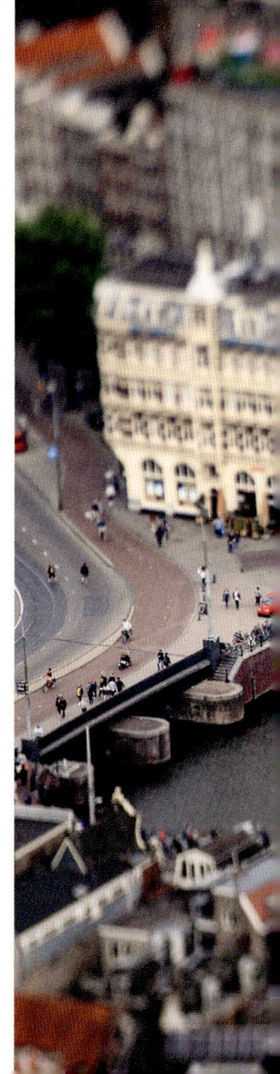

Damrak

Leidseplein

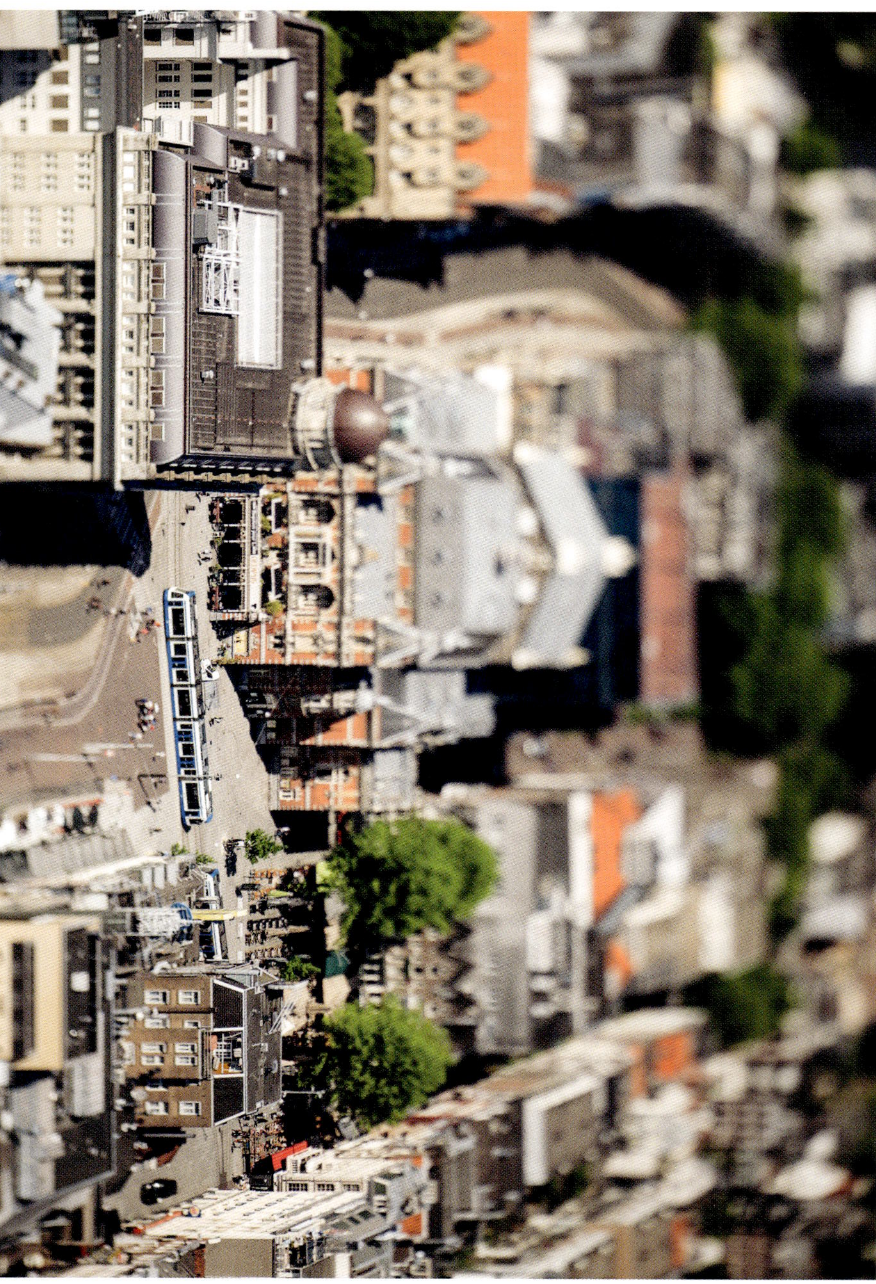

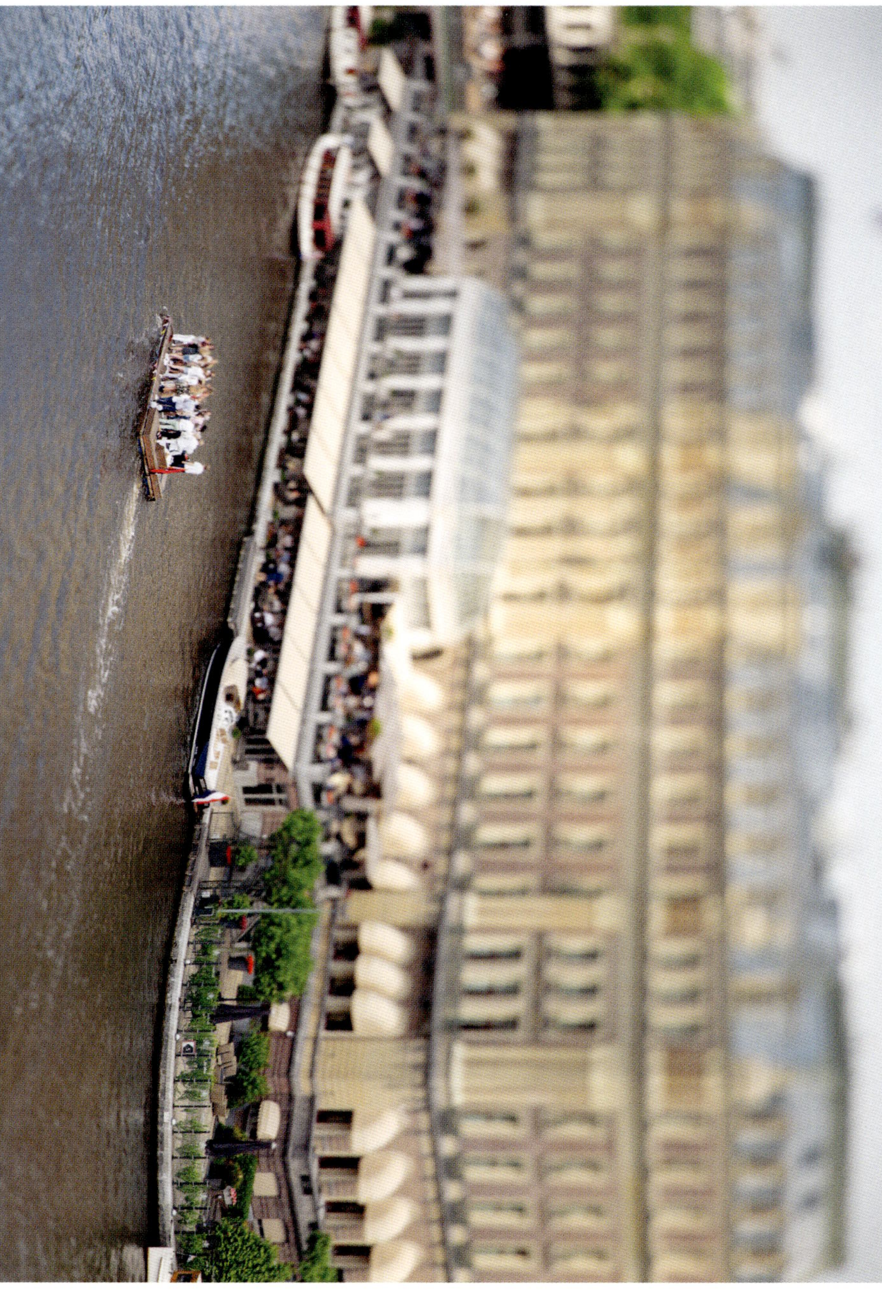

Amstel River

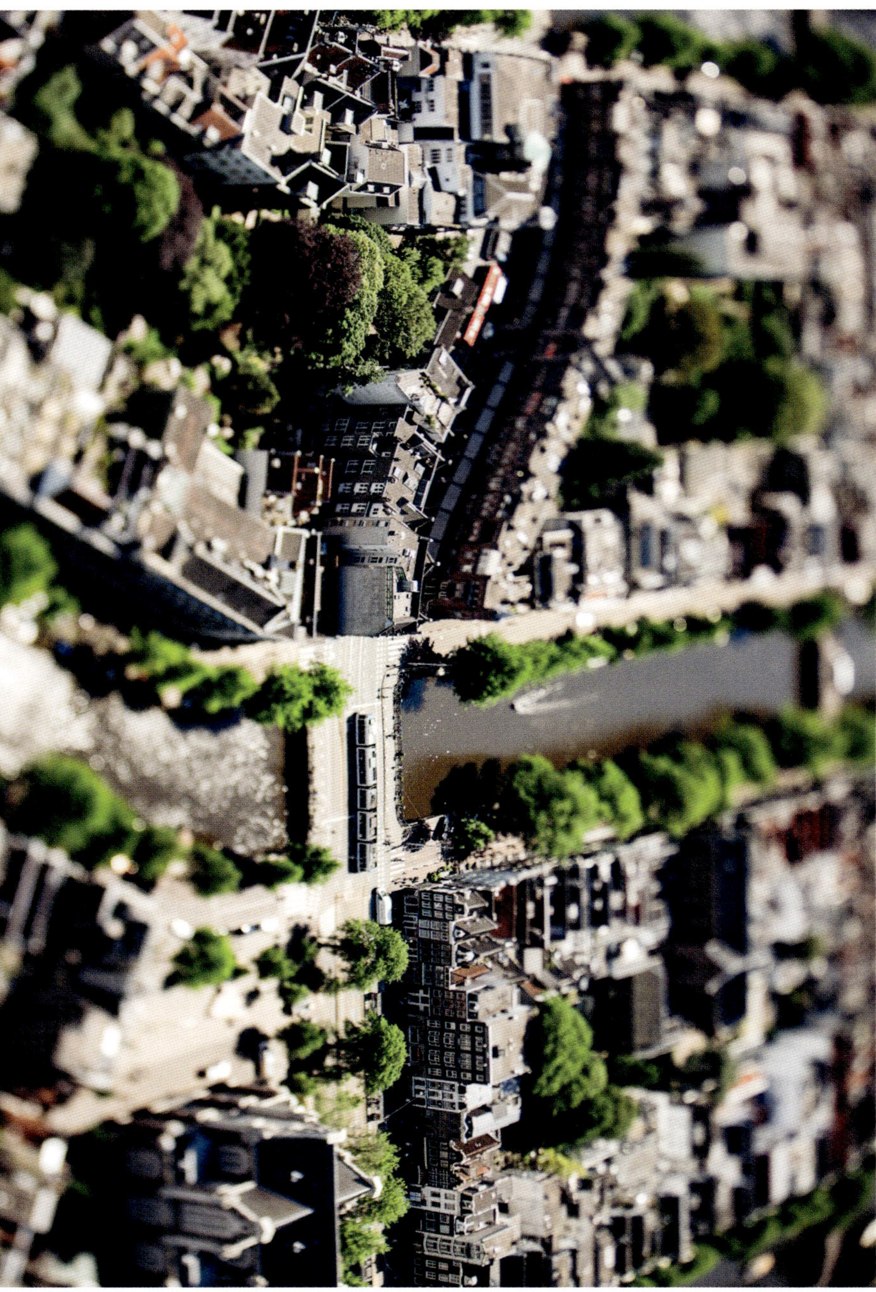

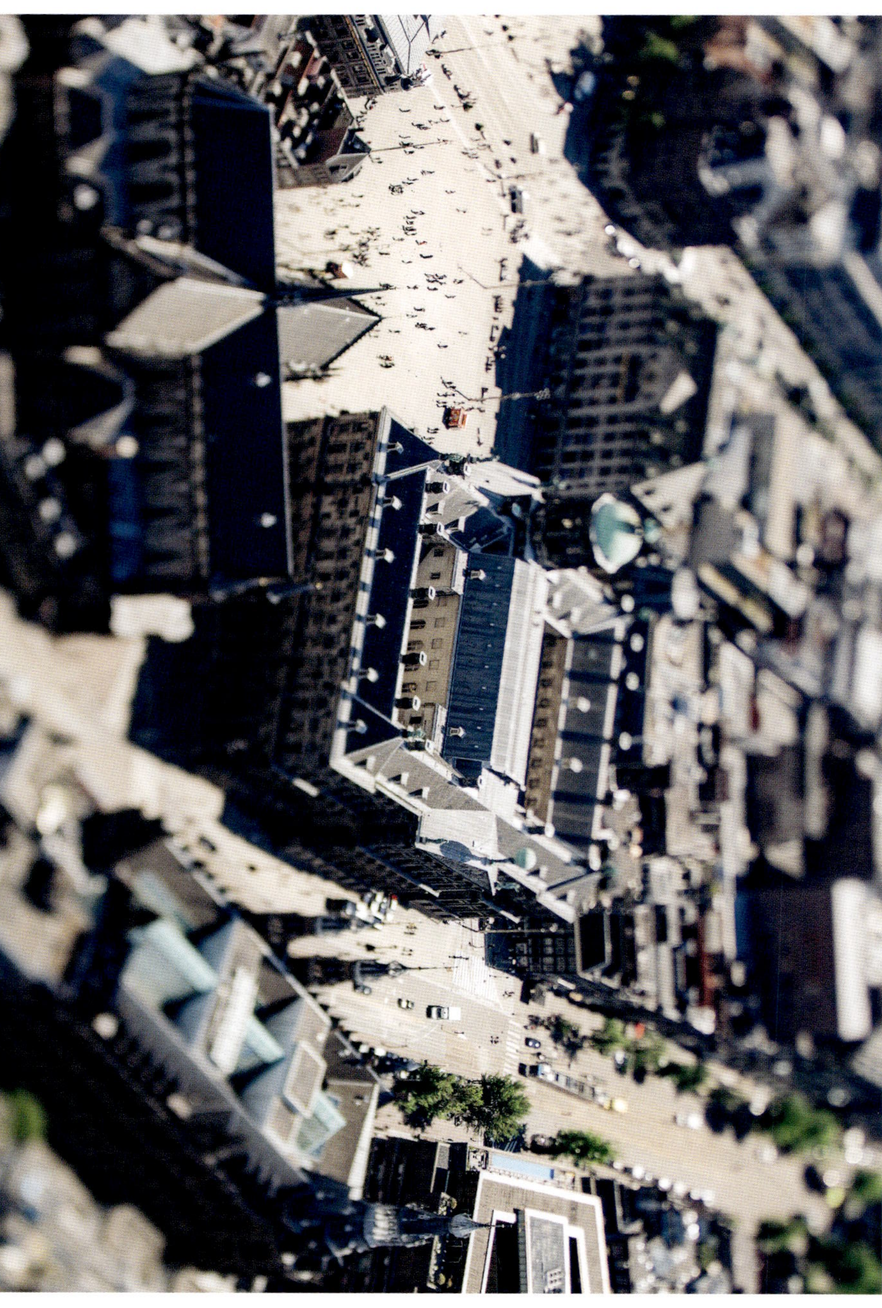

Royal Palace

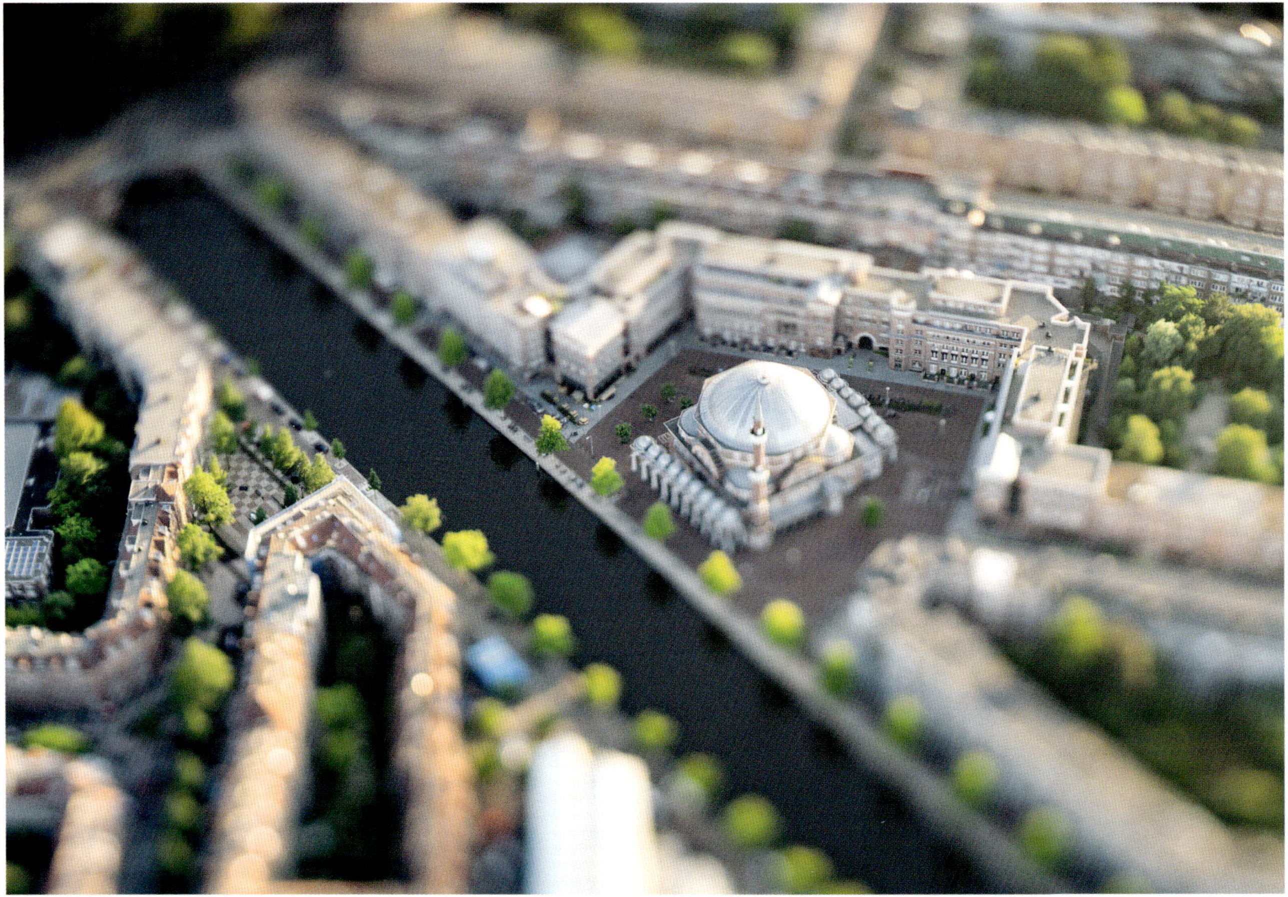

Westermoskee Ayasofya

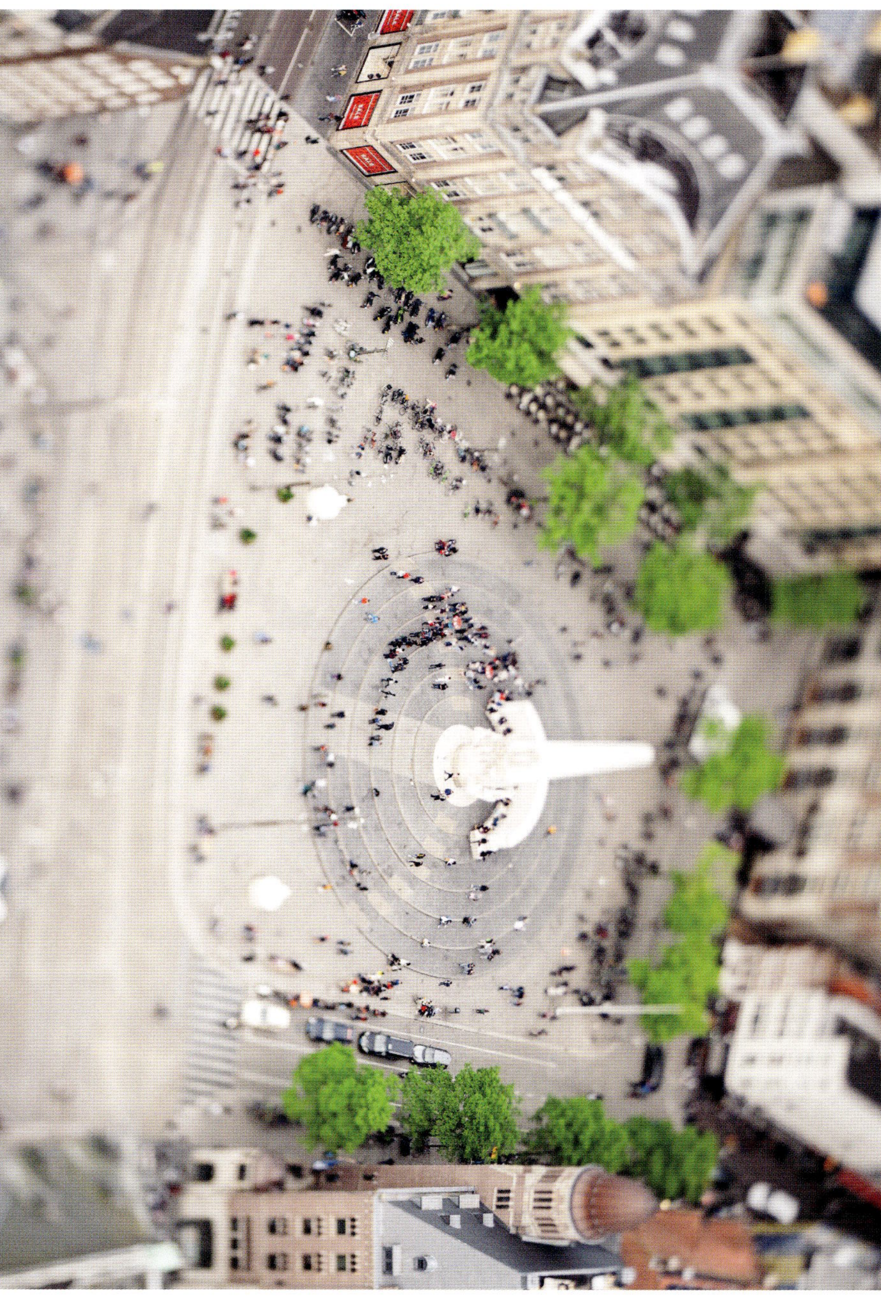

Dam

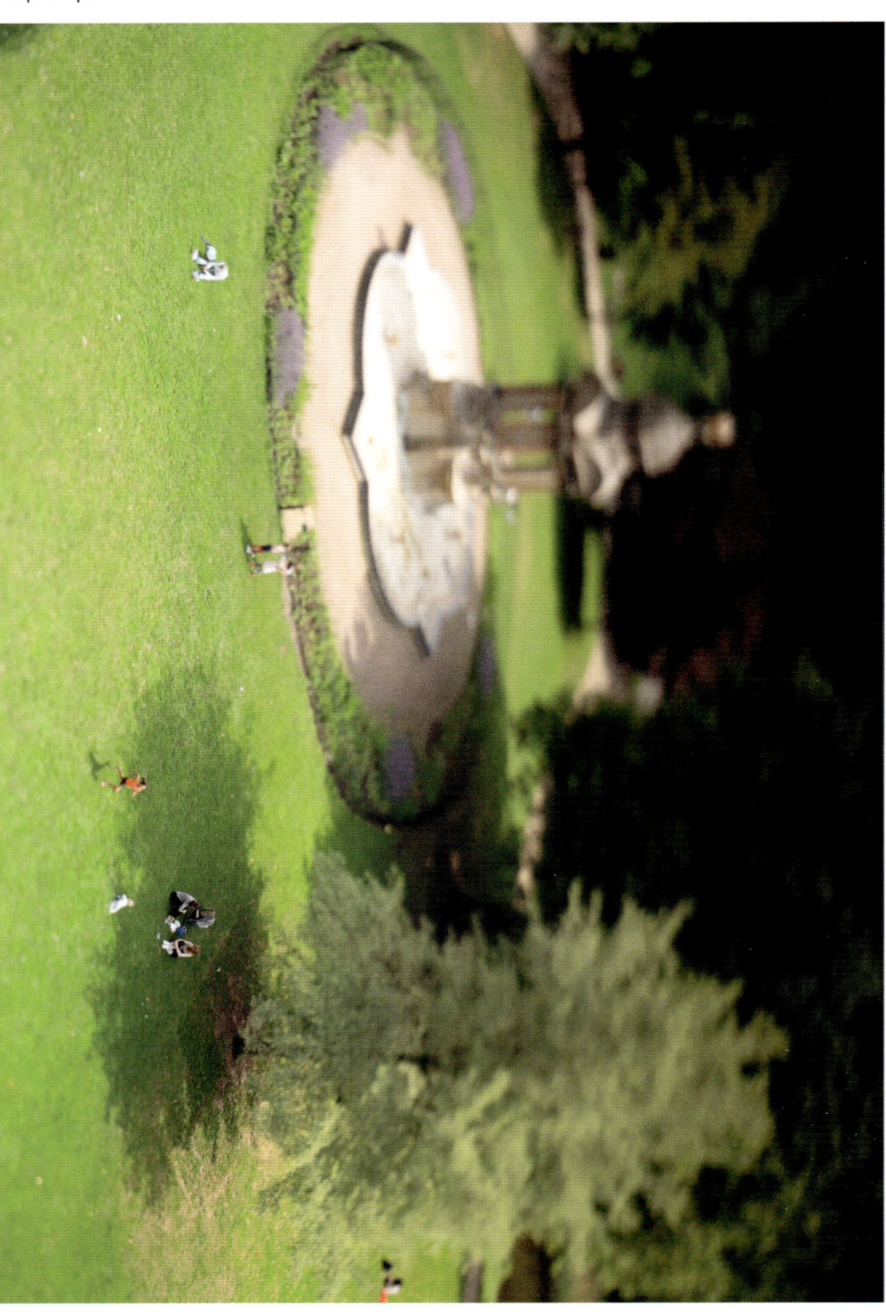

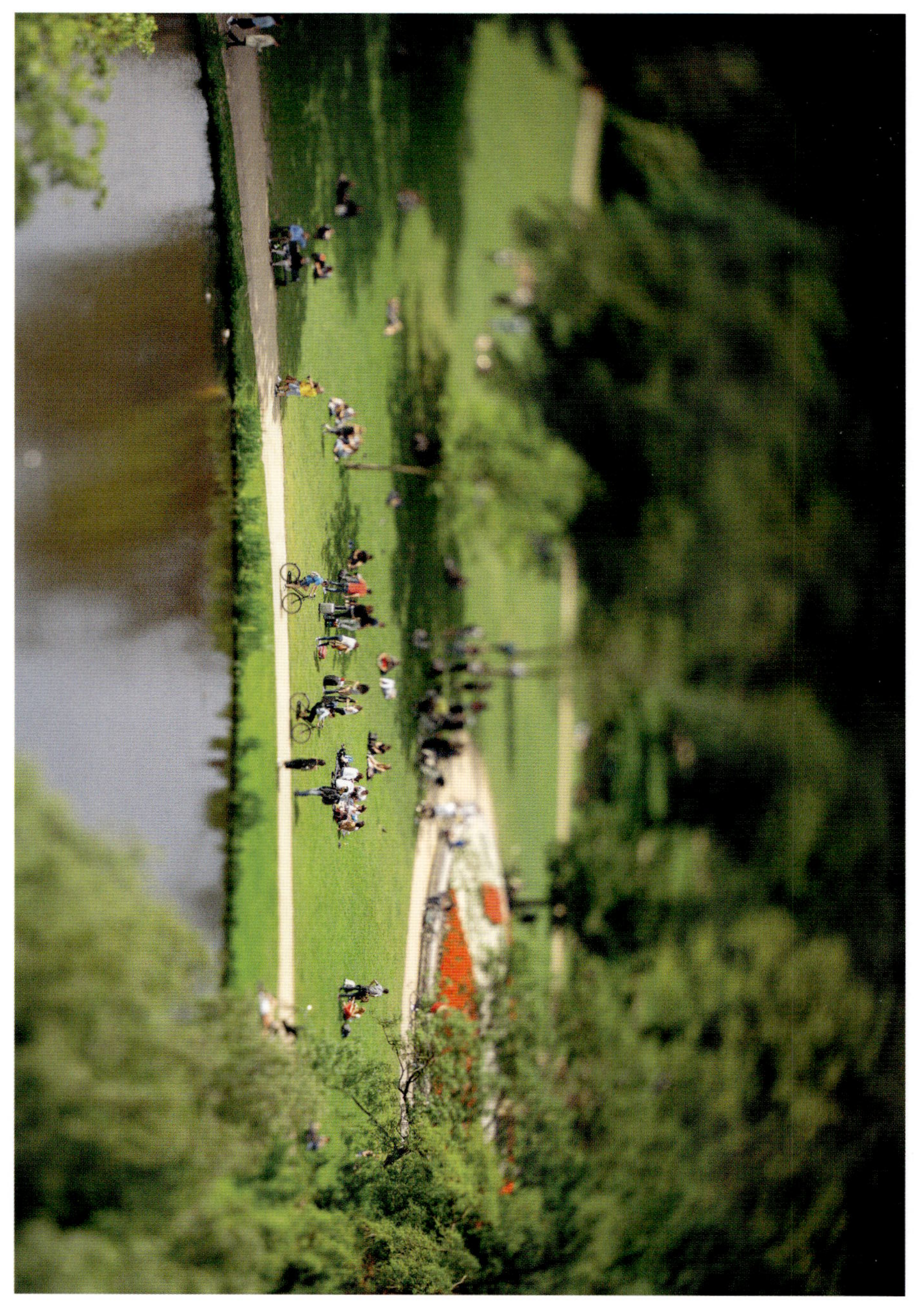

Vondelpark

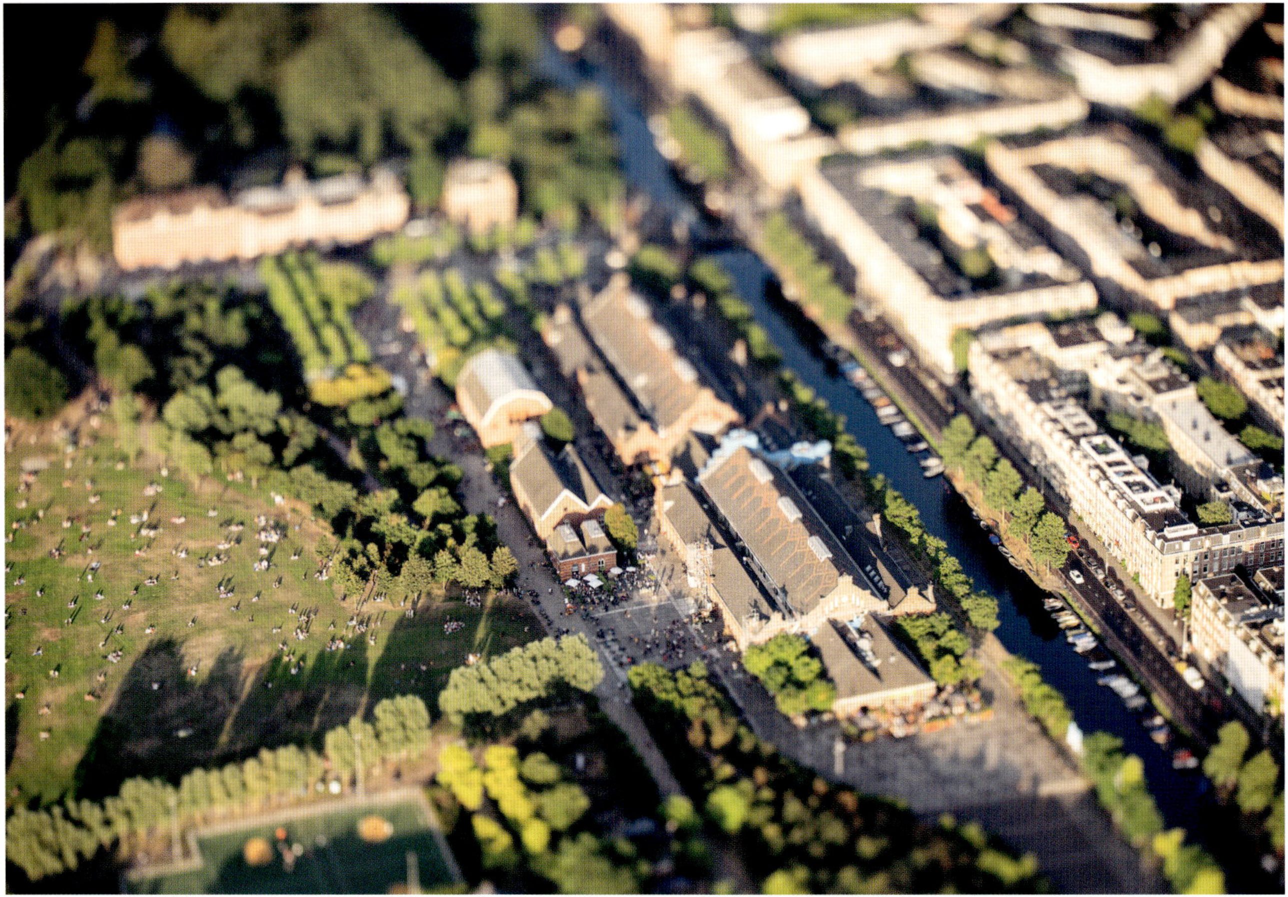

Westergasfabriek

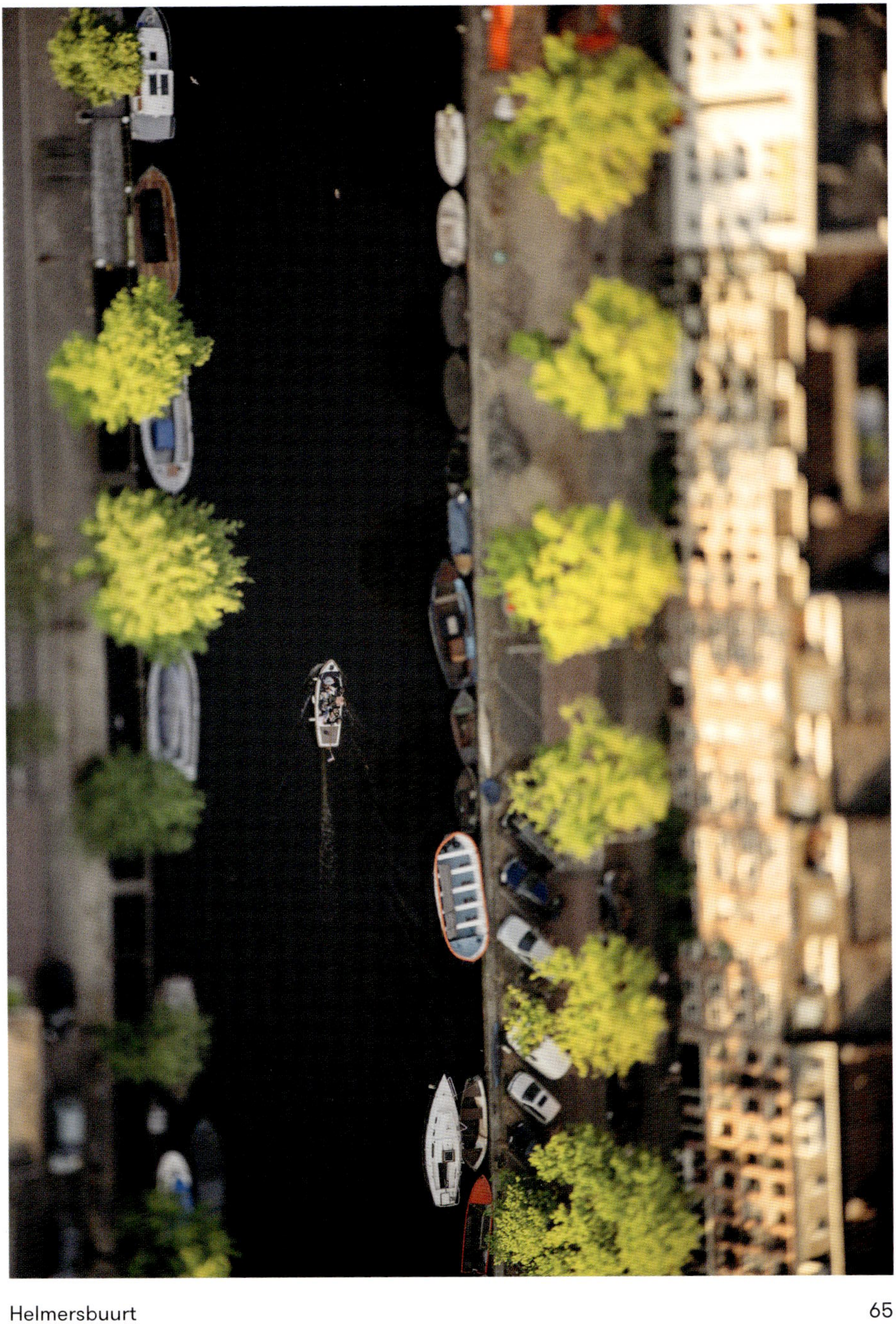

Helmersbuurt

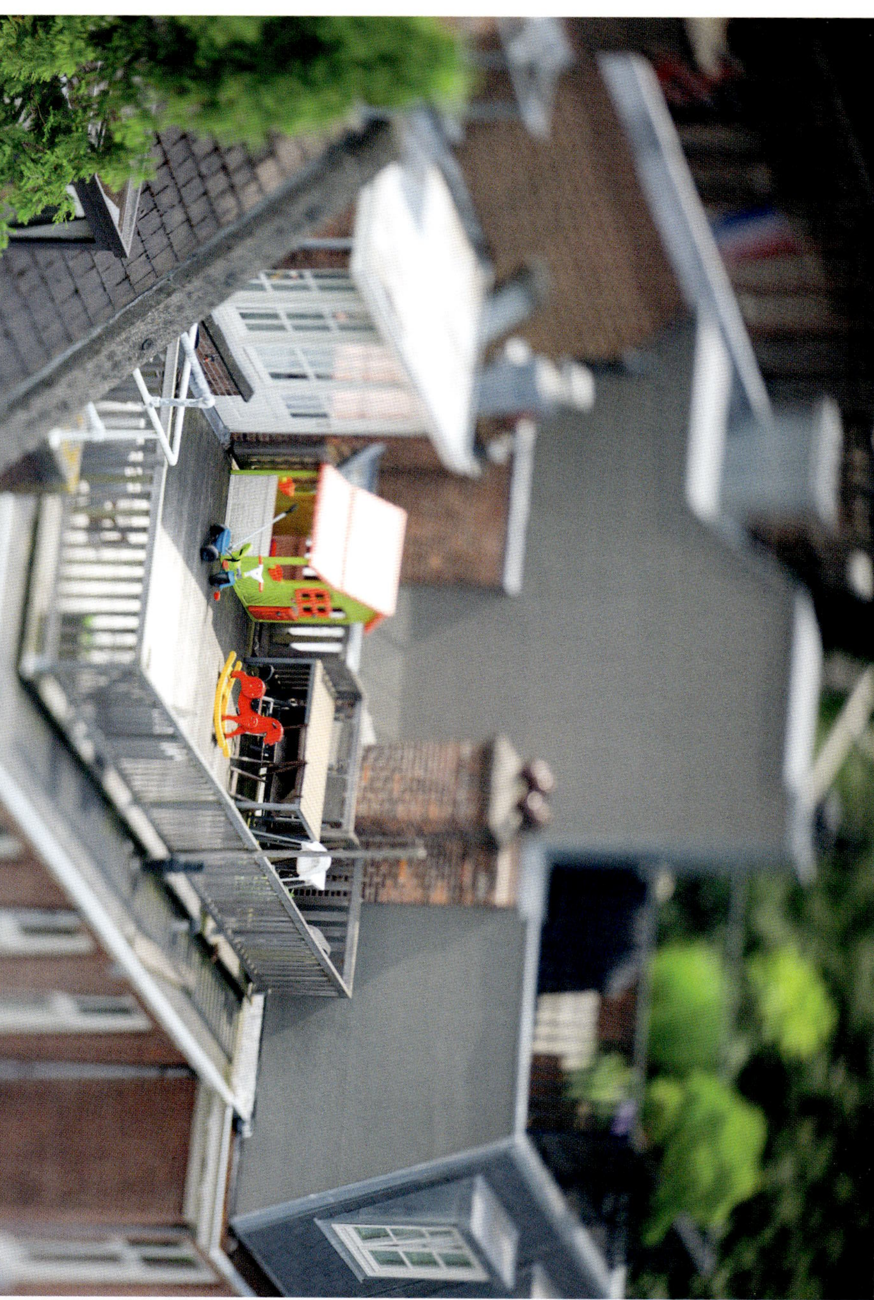

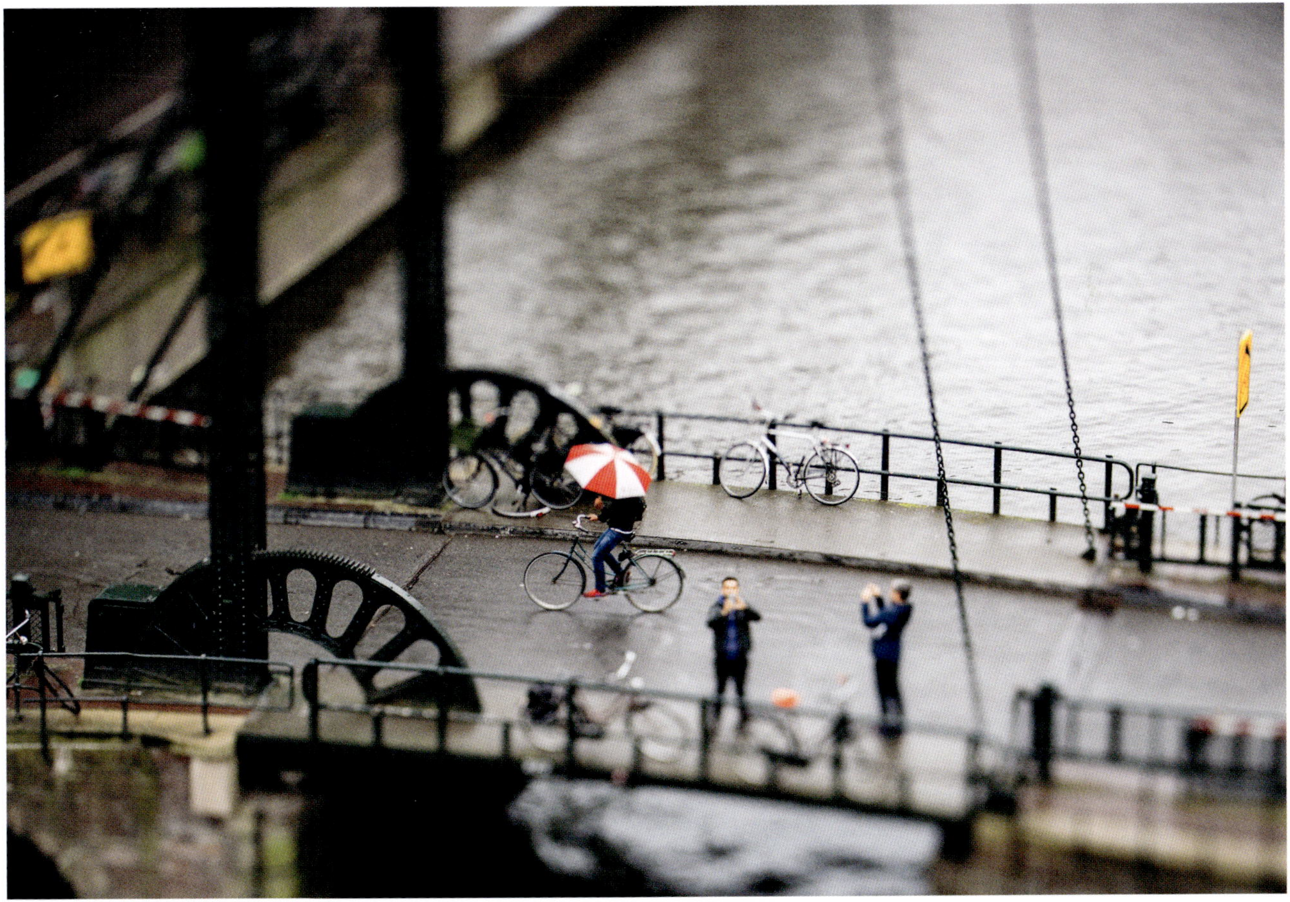

Aluminium Bridge

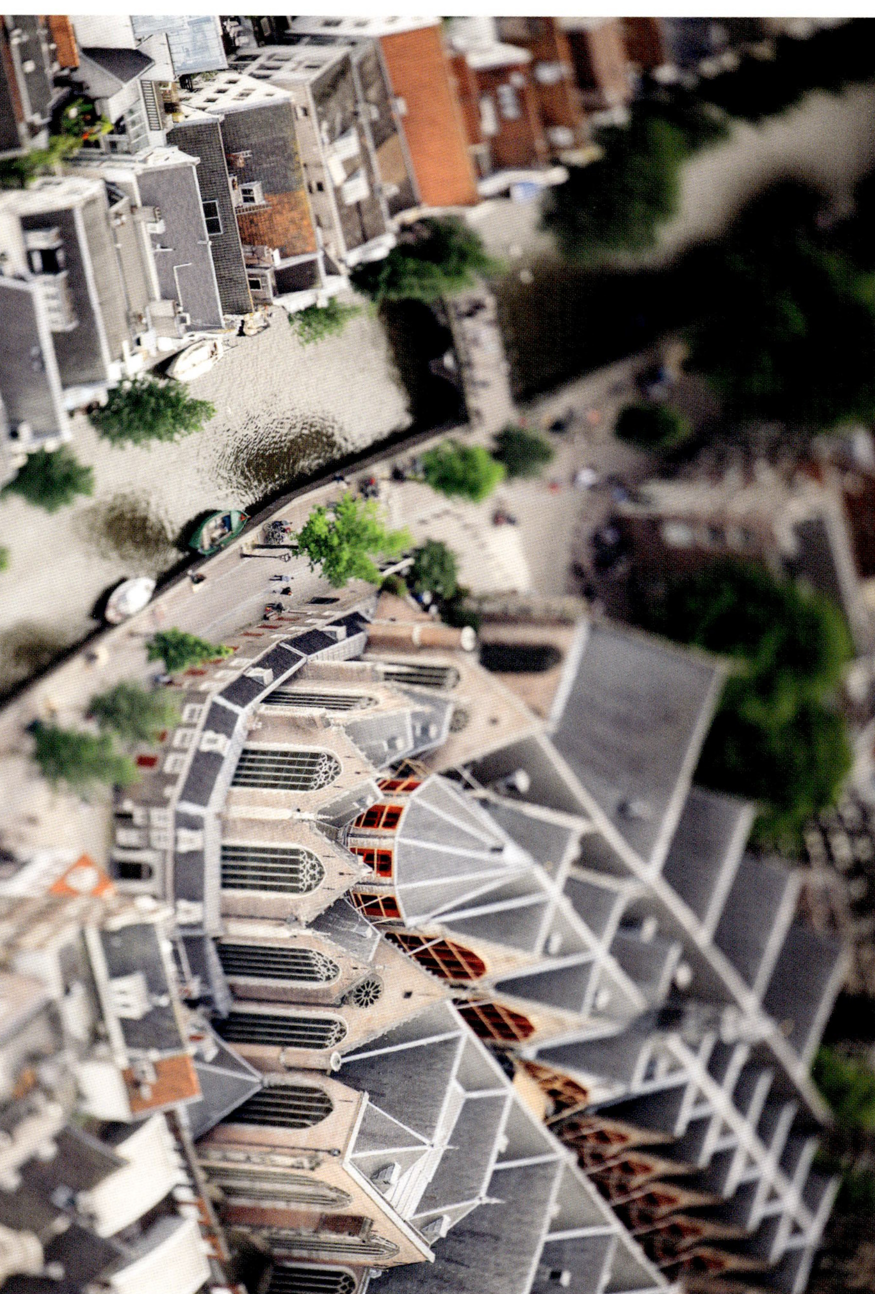

The Flying Dutch Festival

Kloveniersburgwal

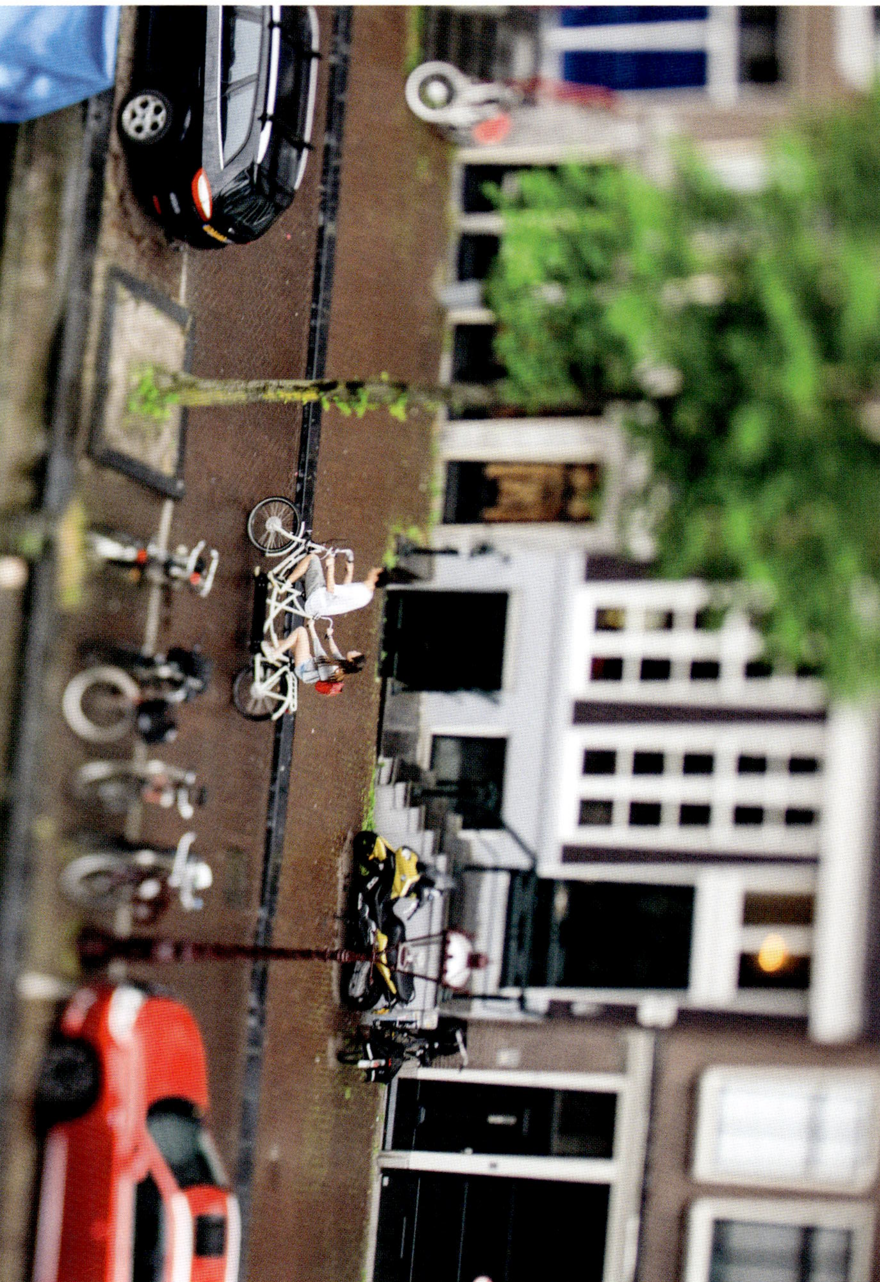

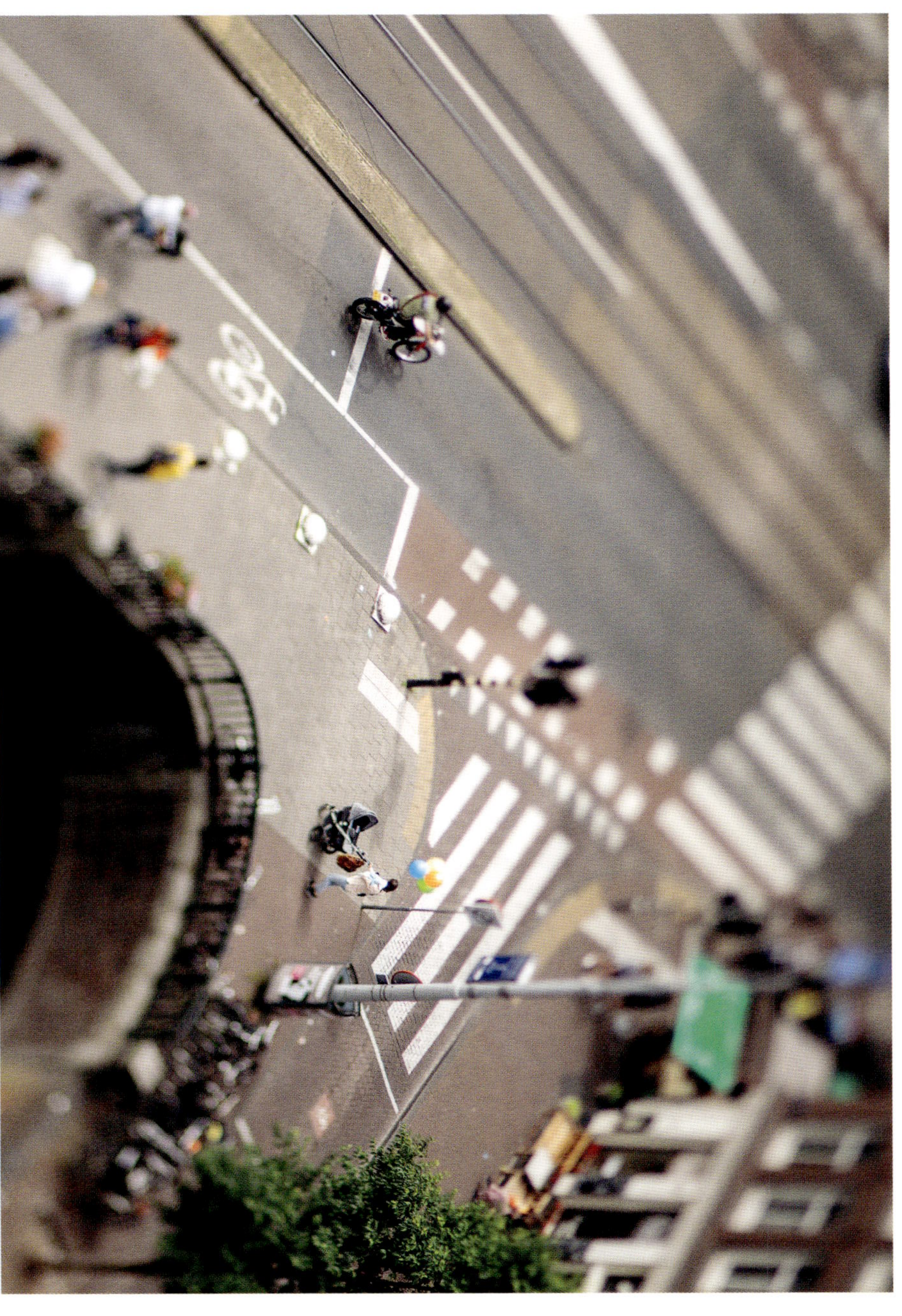

Prinsengracht

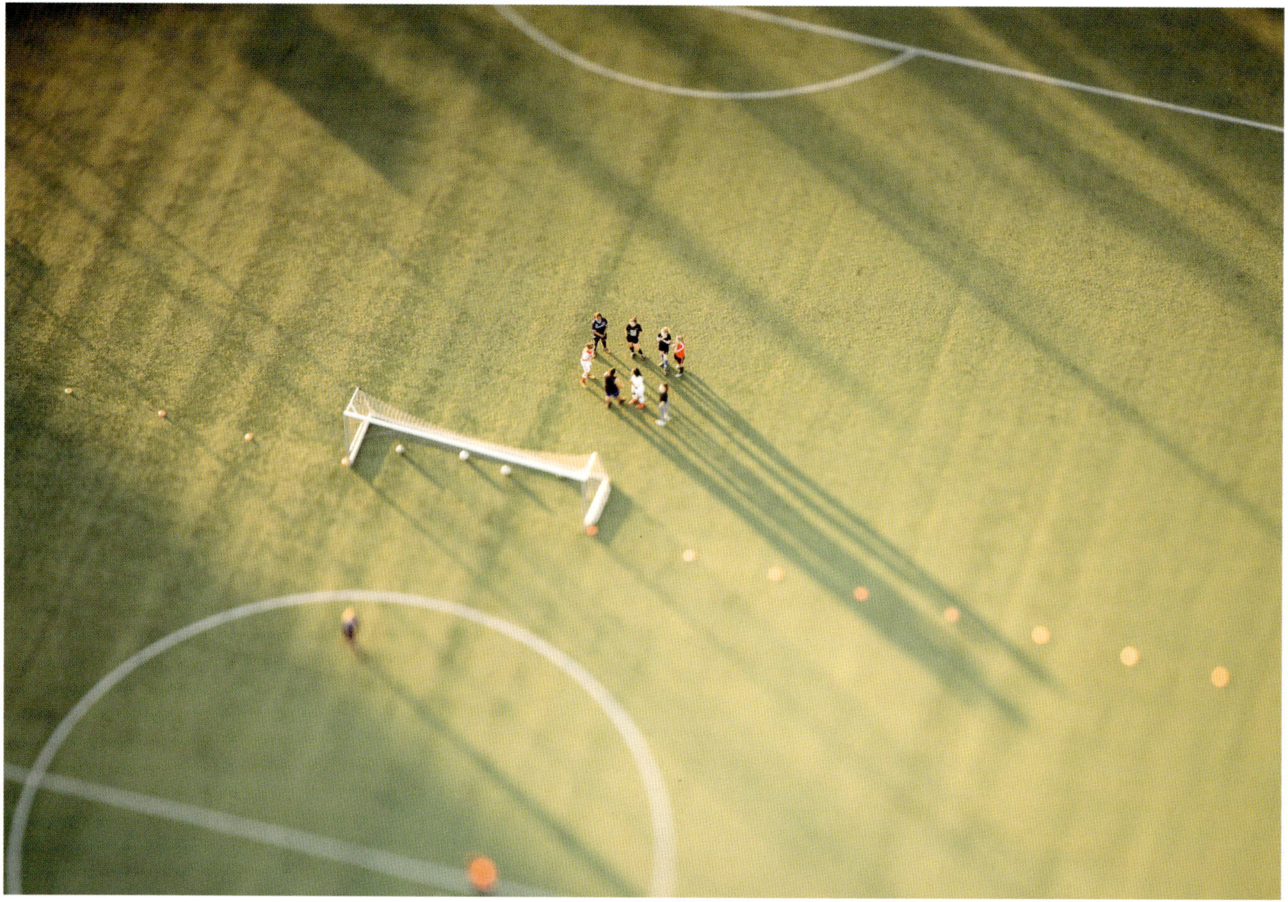

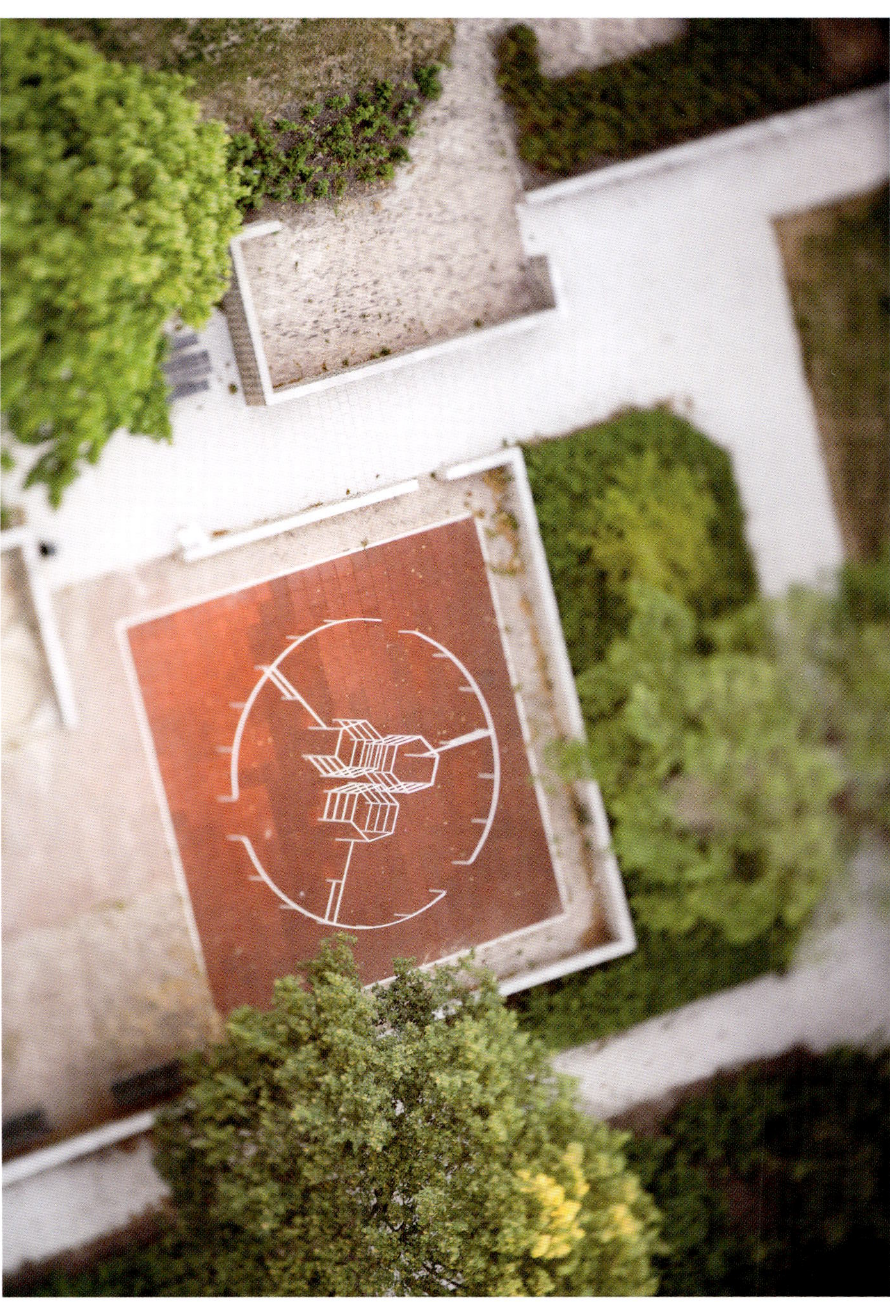

Ice skating is an 'important mode of transportation' for people who live in Amsterdam.

Katie Couric, ‘badly informed journalist’

Voor Amsterdammers is ijsschaatsen een belangrijke manier om zich te verplaatsen.

Katie Couric, ‘slecht geïnformeerde journaliste’

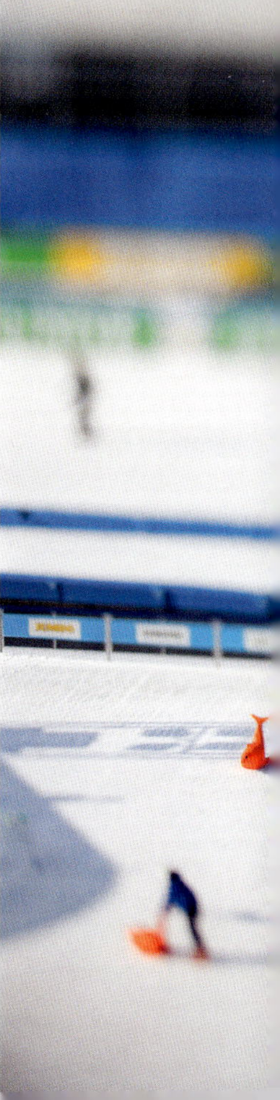

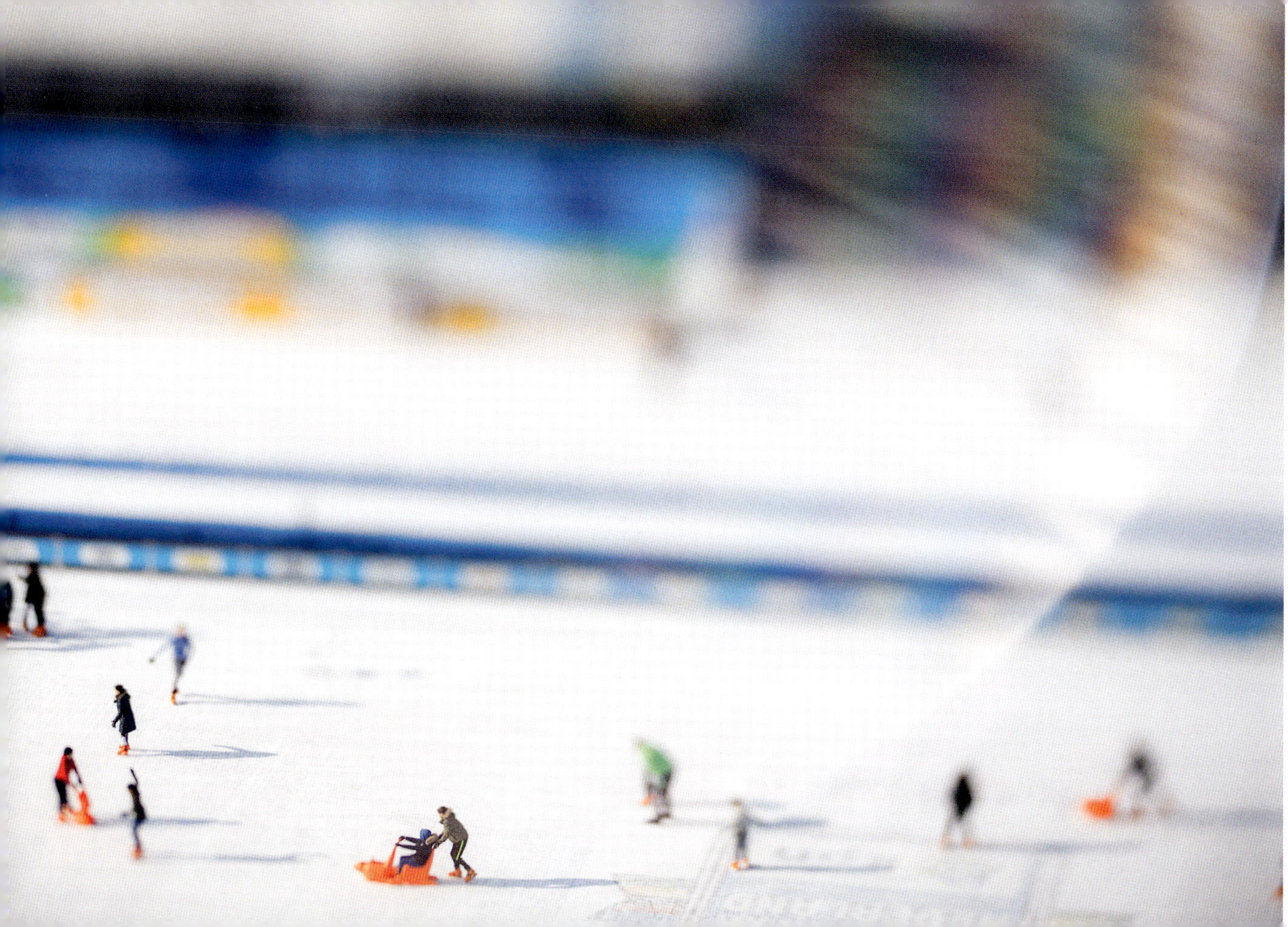

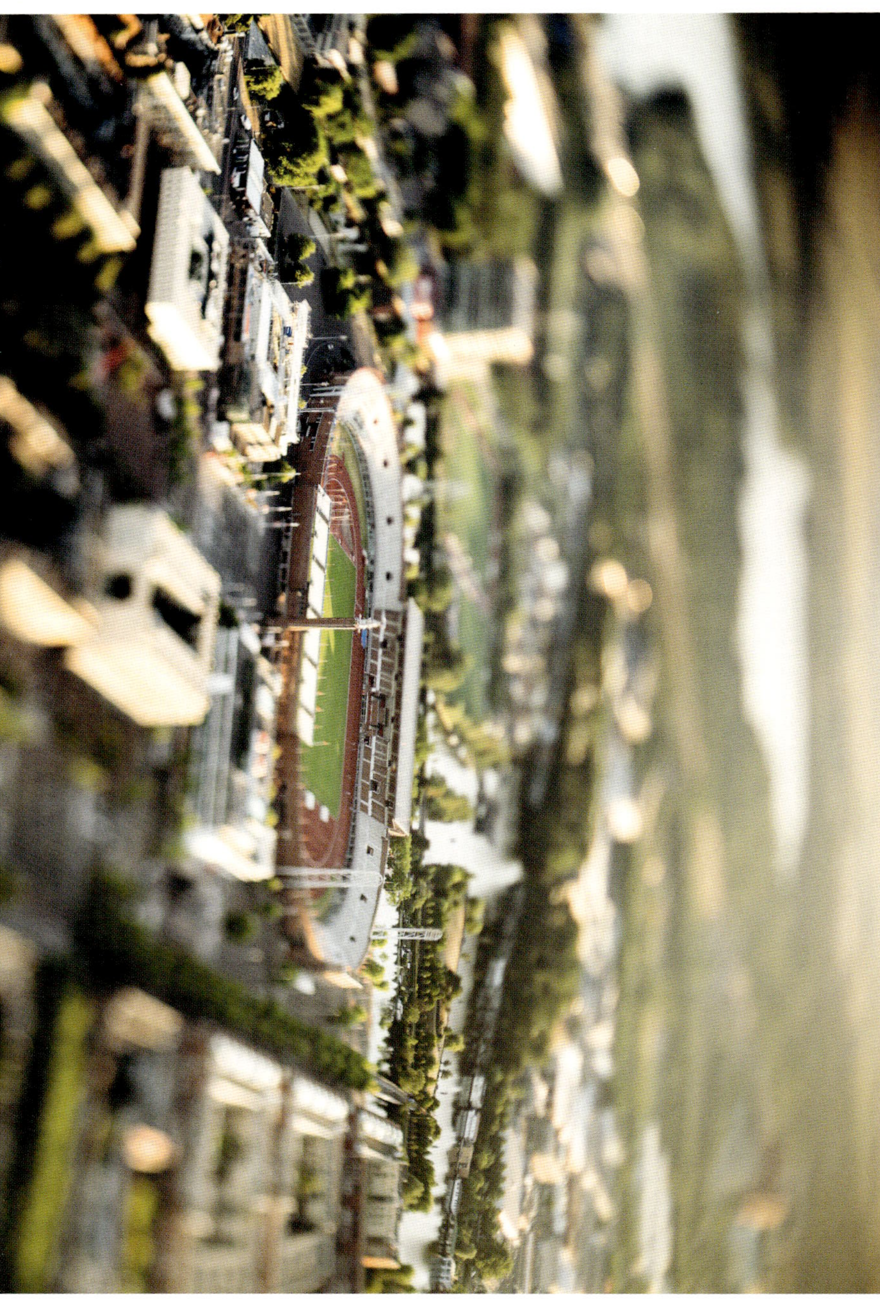

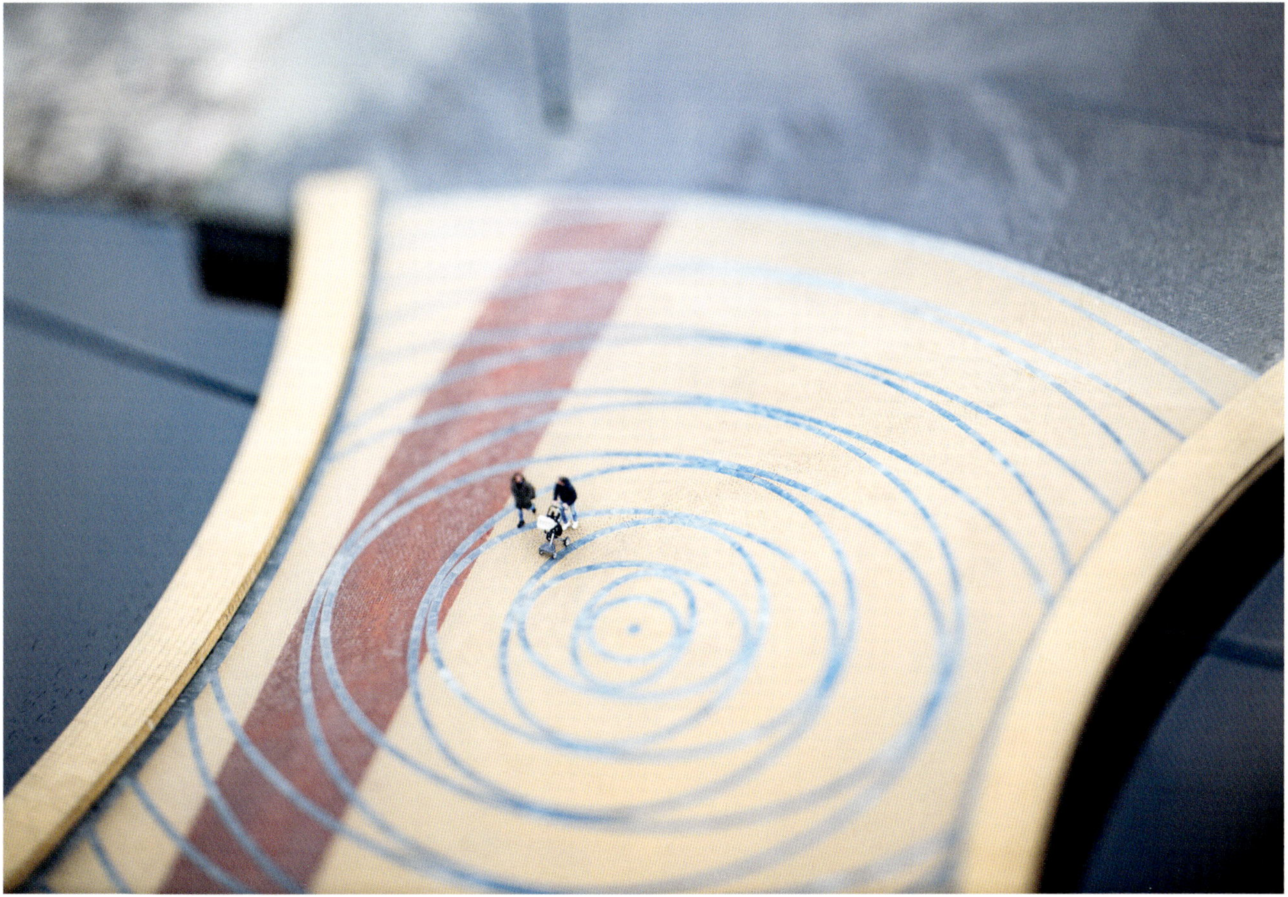

Lex van Delden Bridge

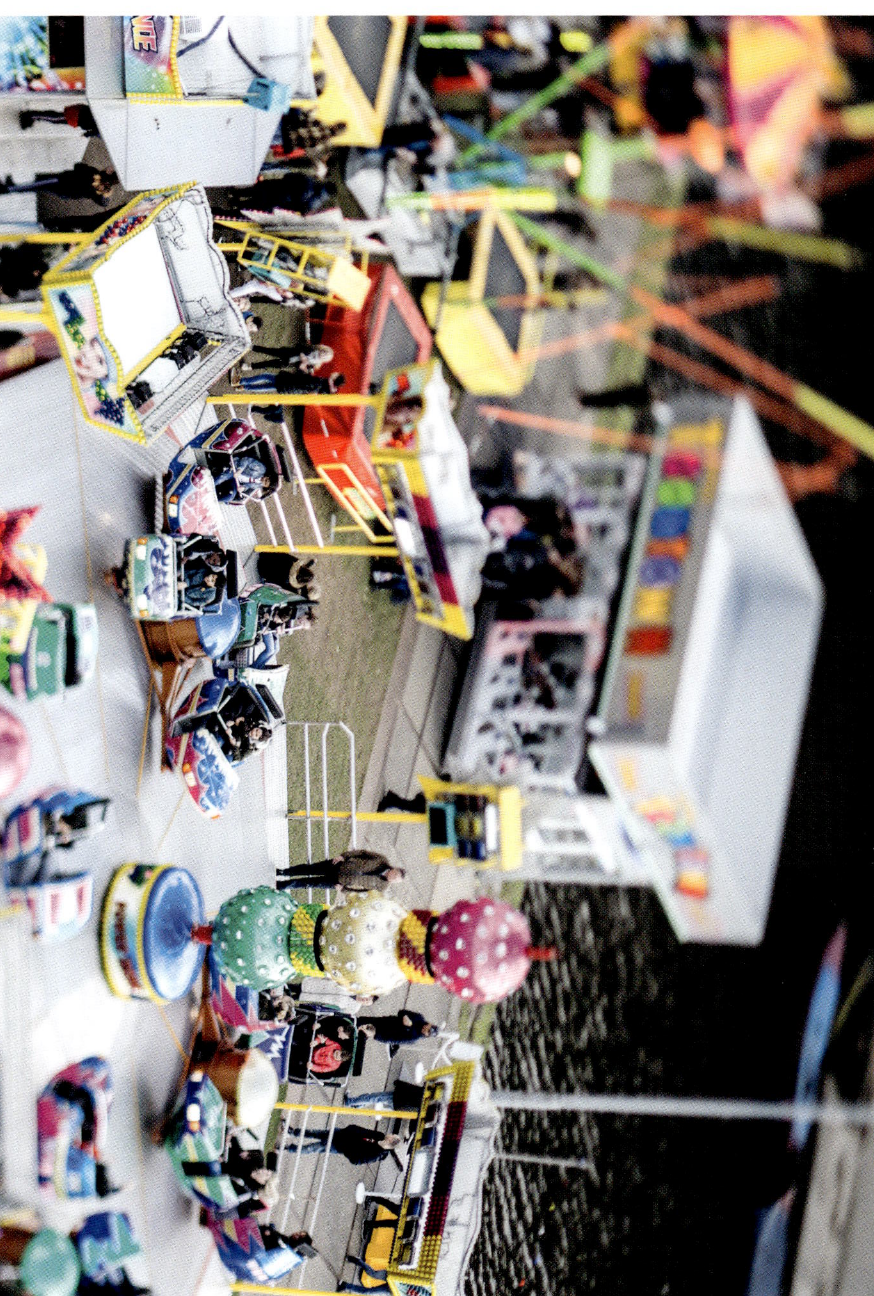

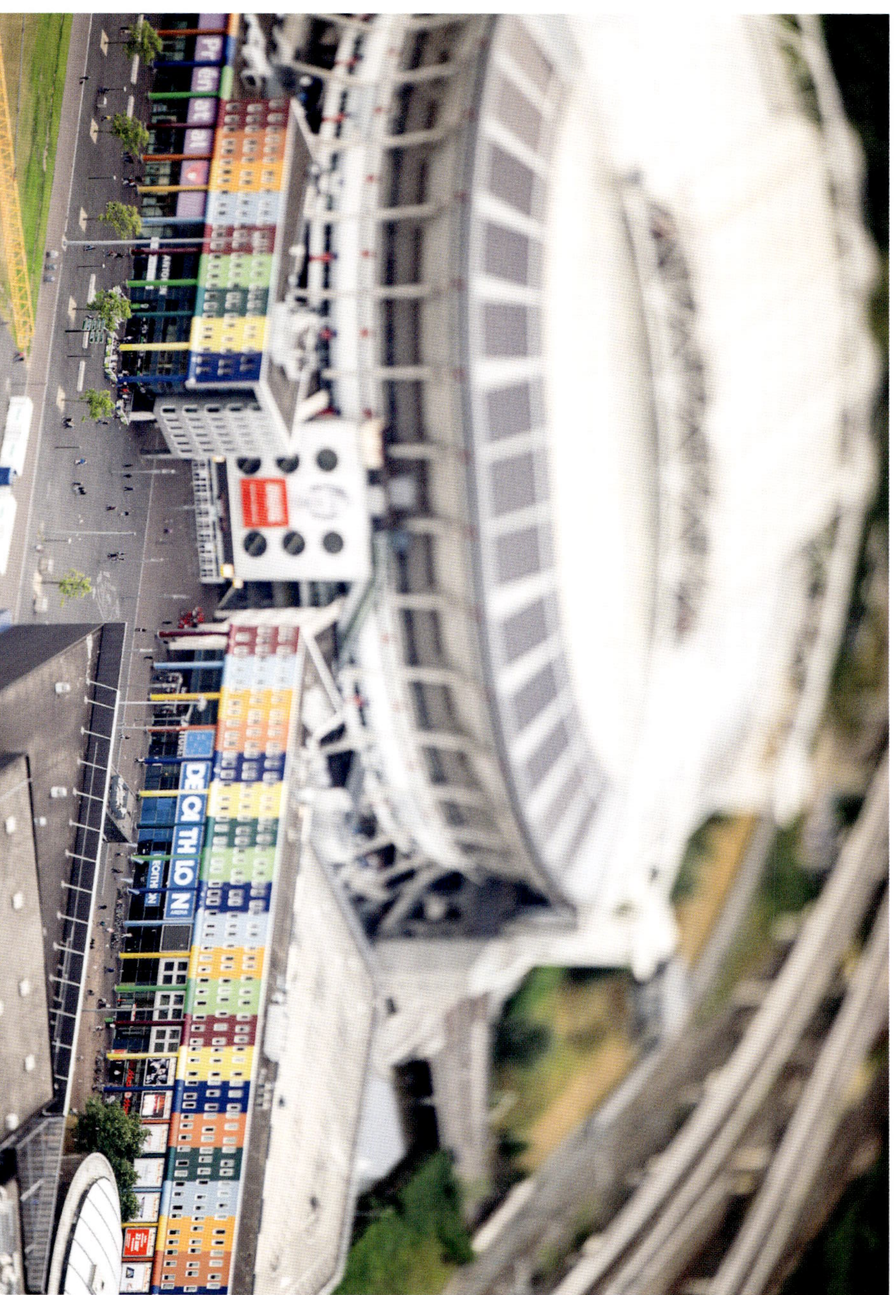

Johan Cruyff Arena

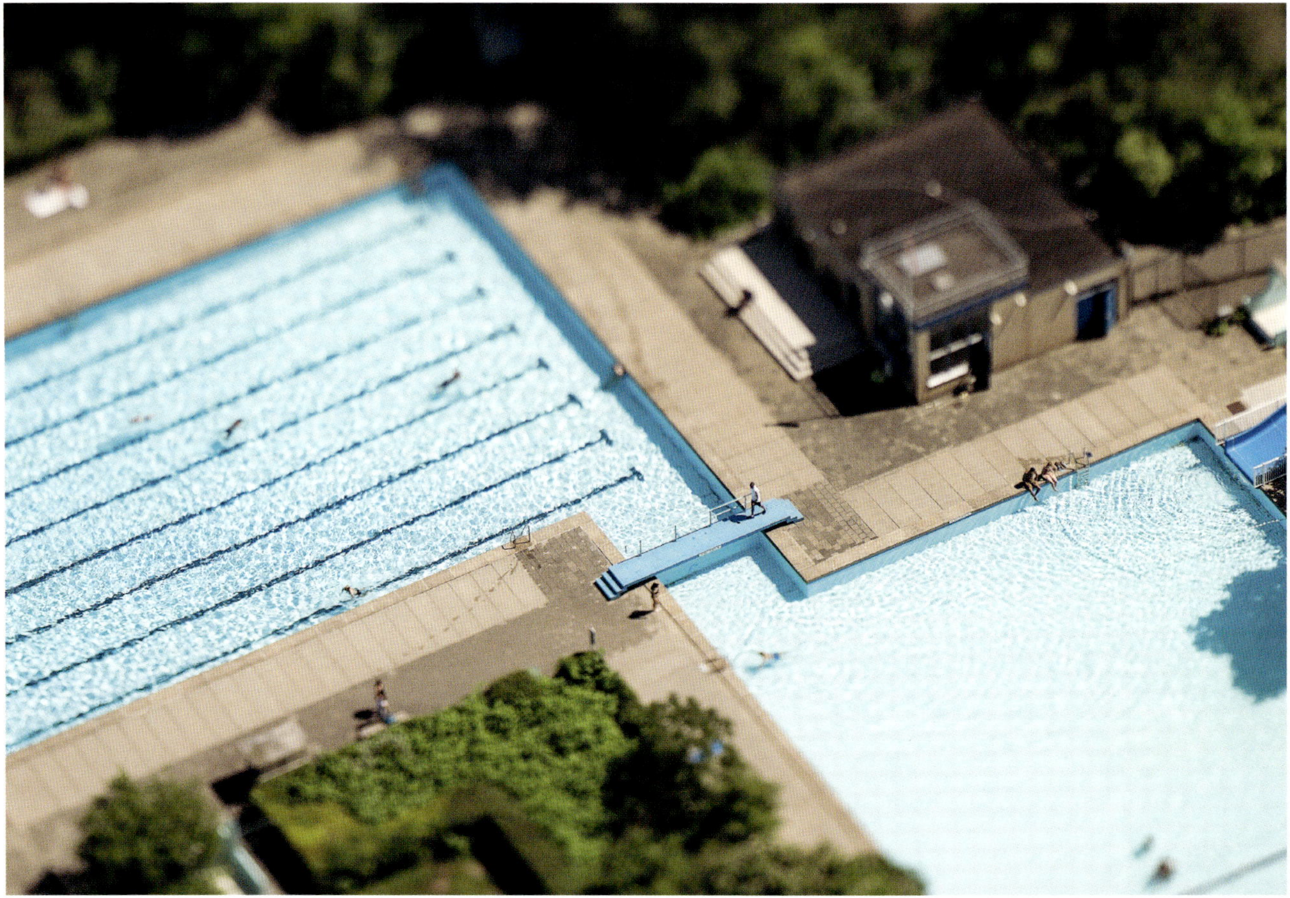

Flevoparkbad

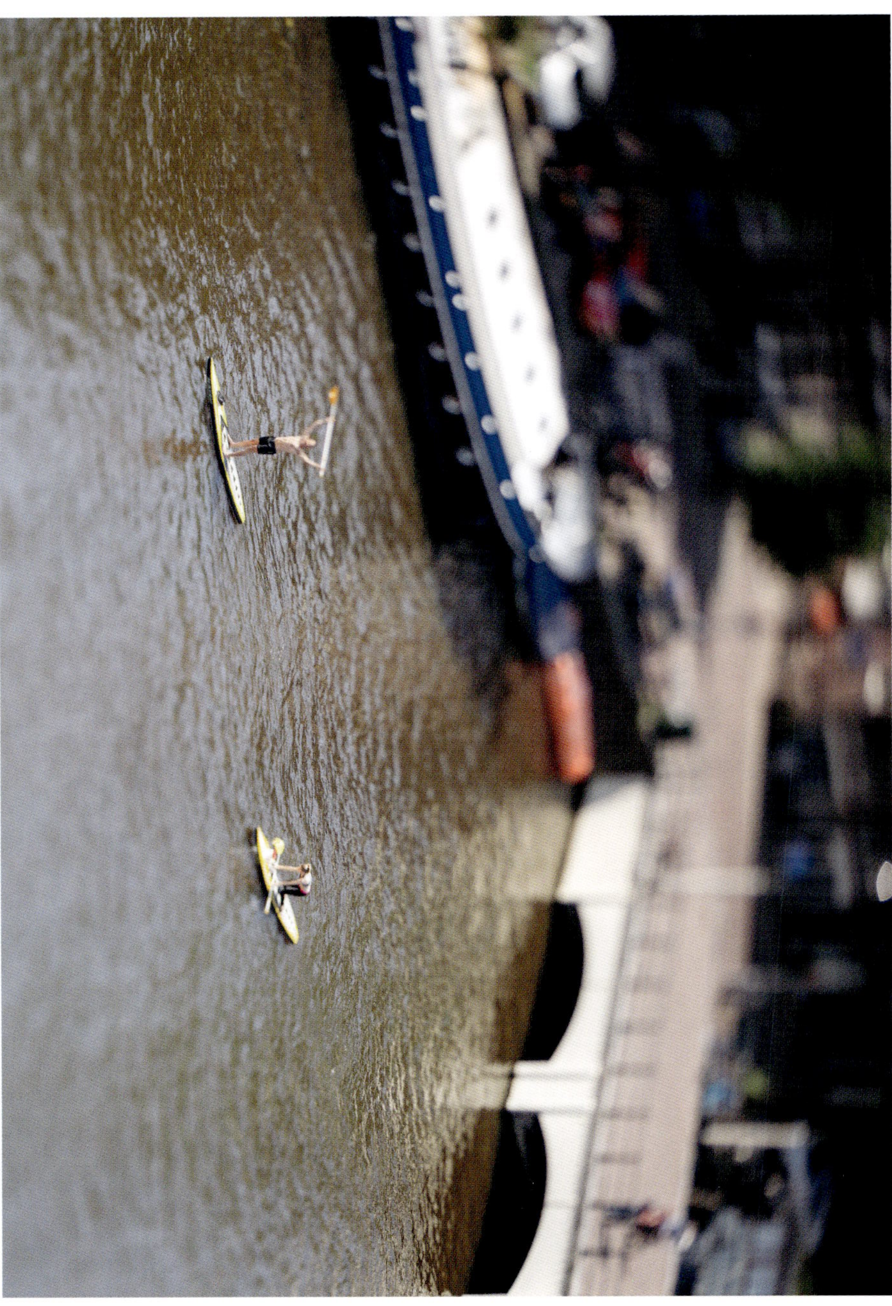

Amstel River

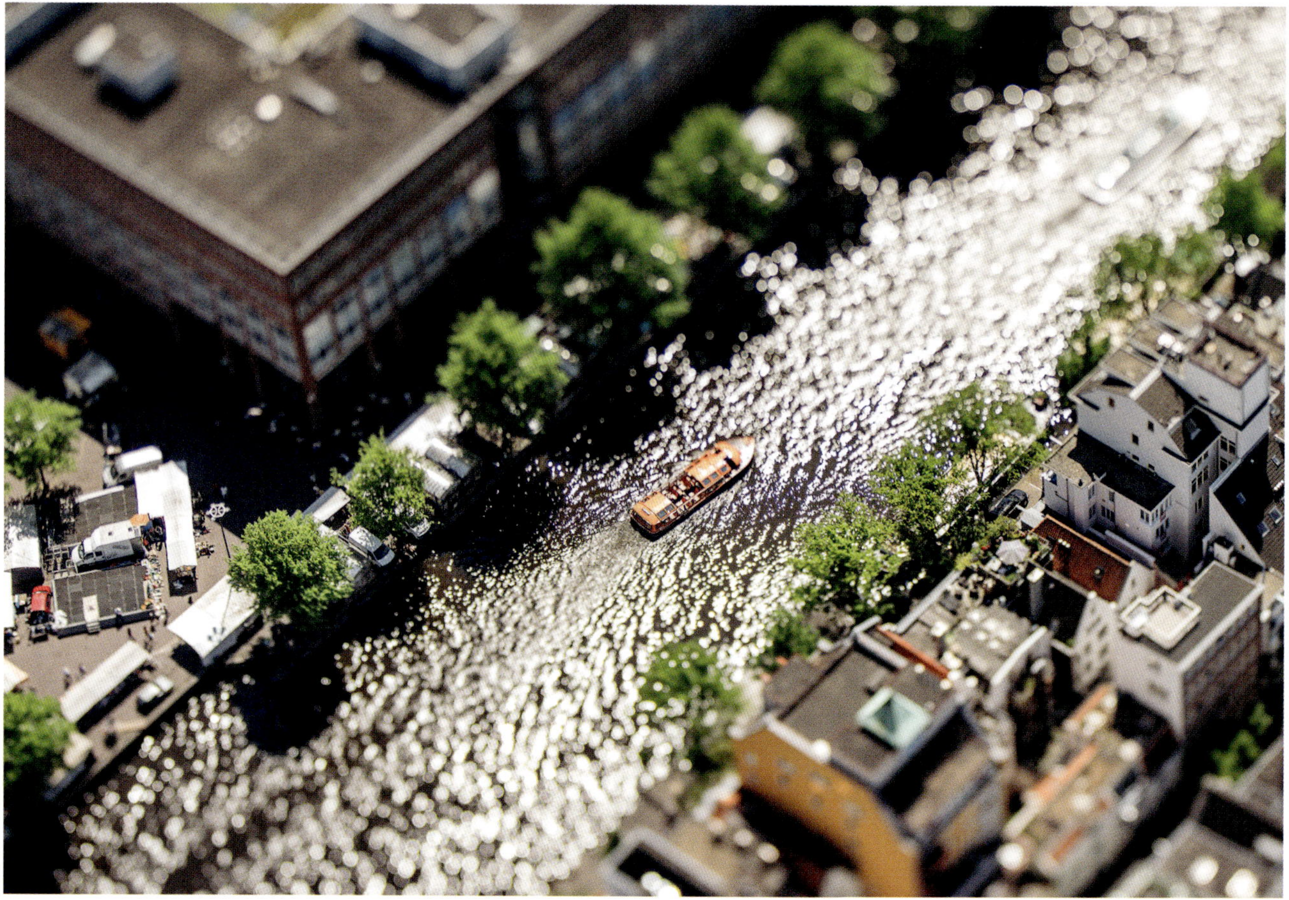

Zwanenburgwal

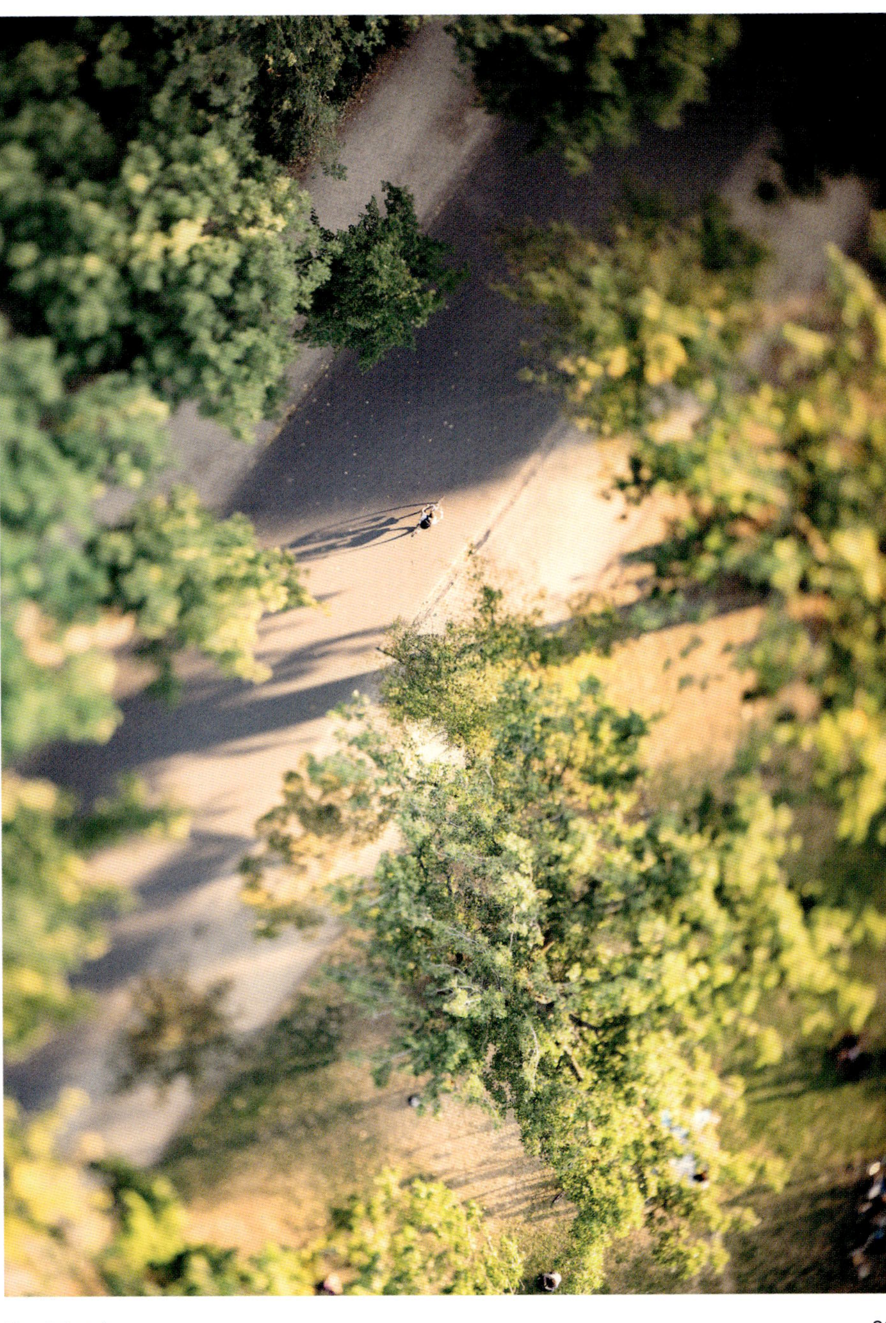

Vondelpark

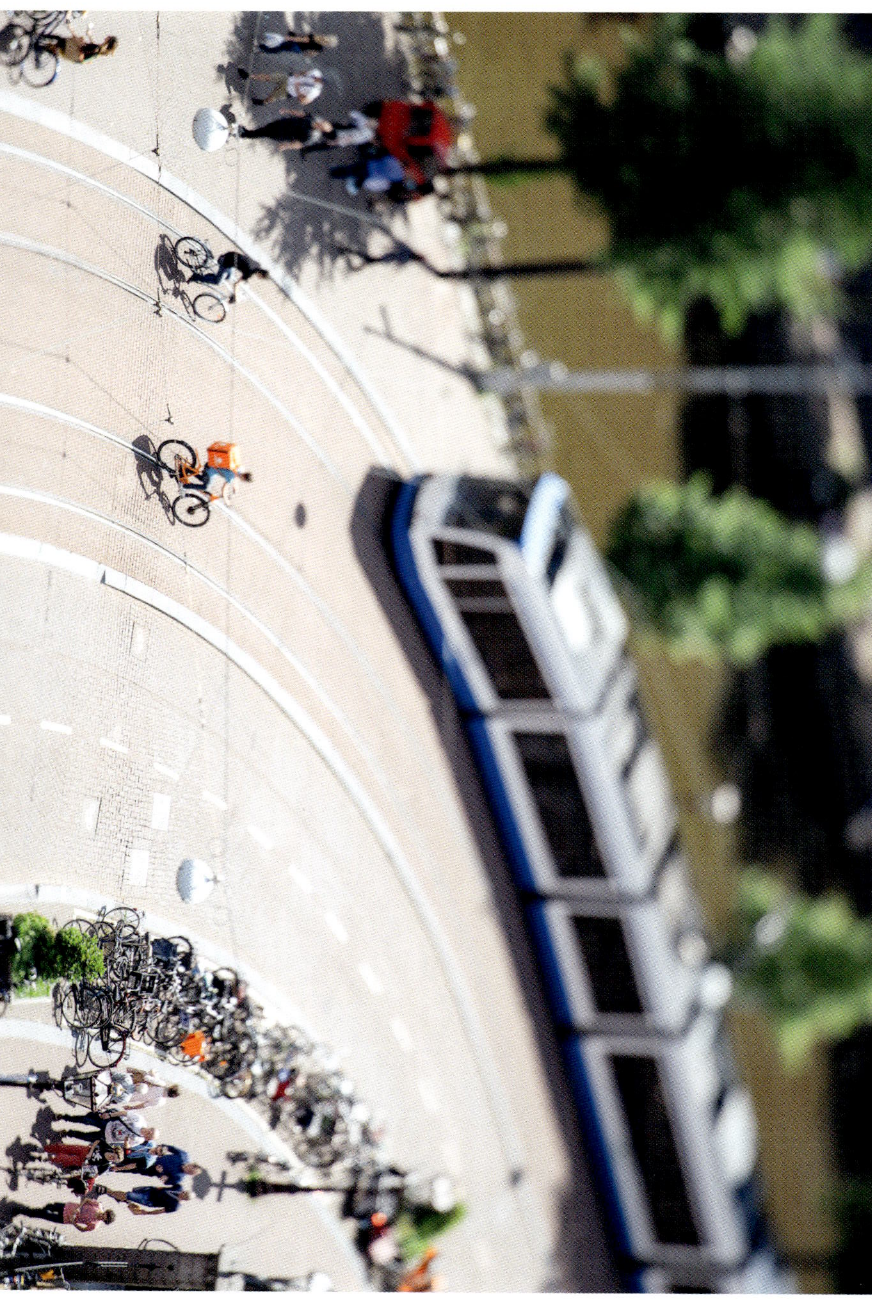

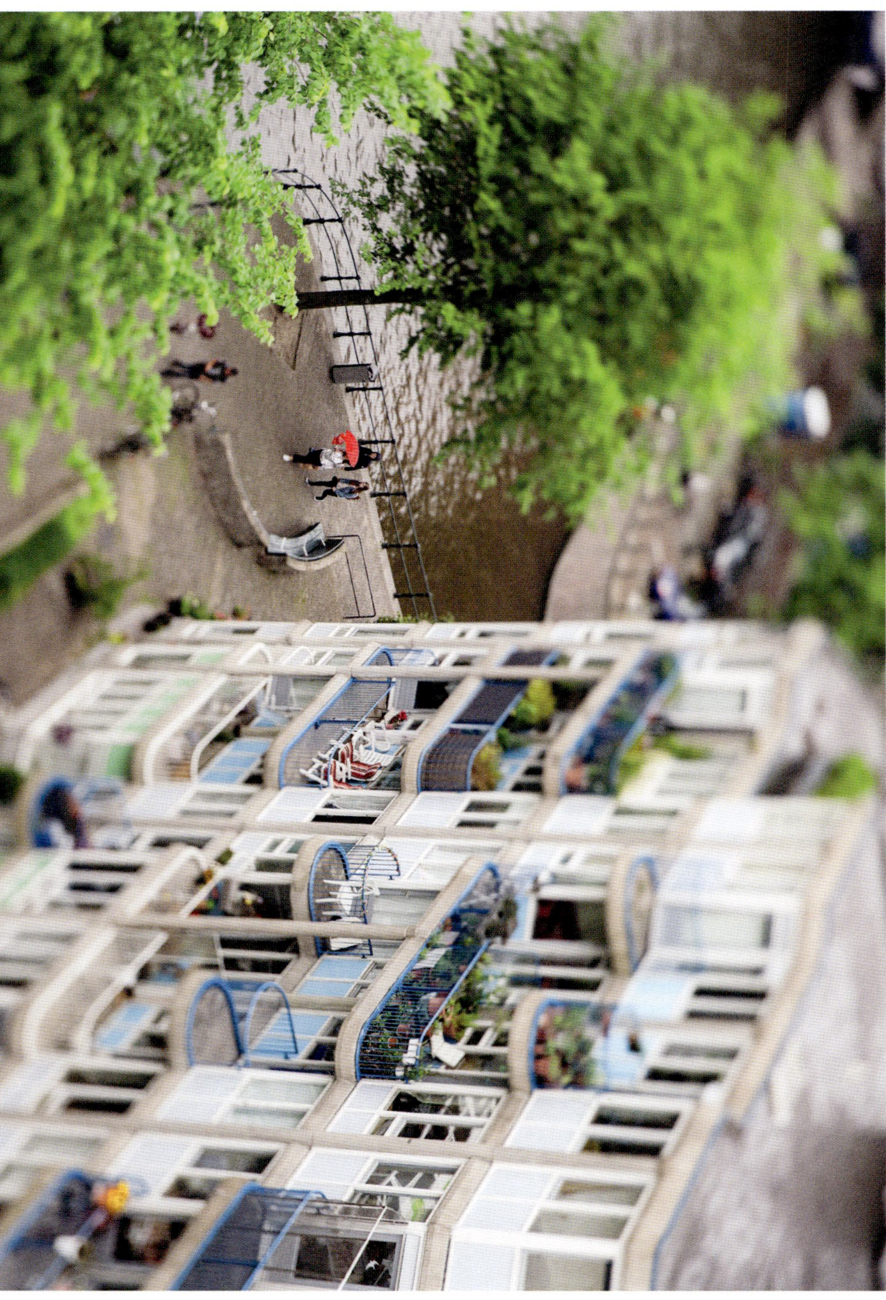

St Anthony Lock

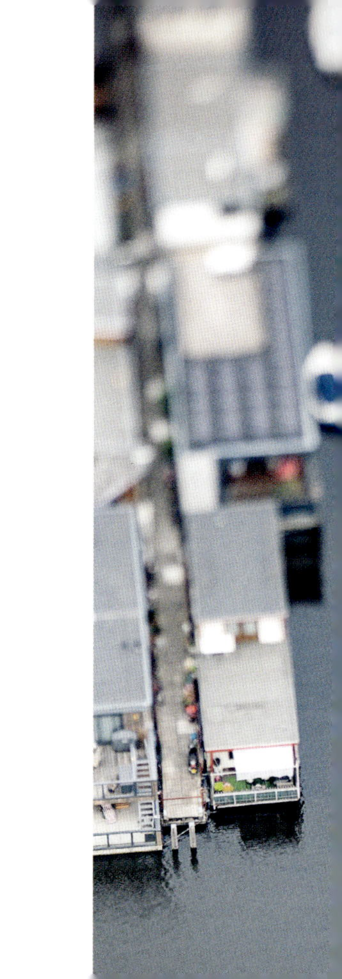

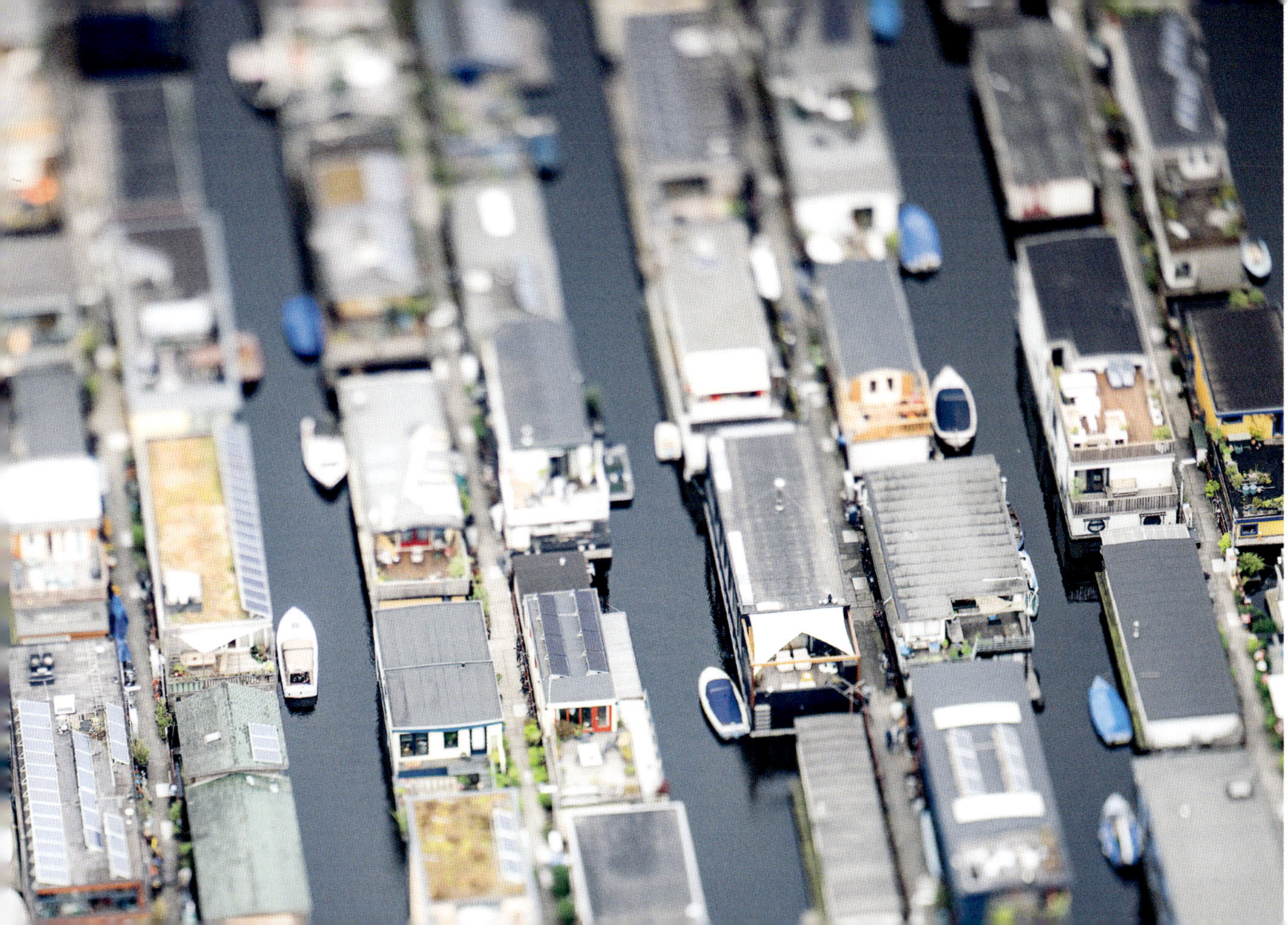

IJsbaanpad

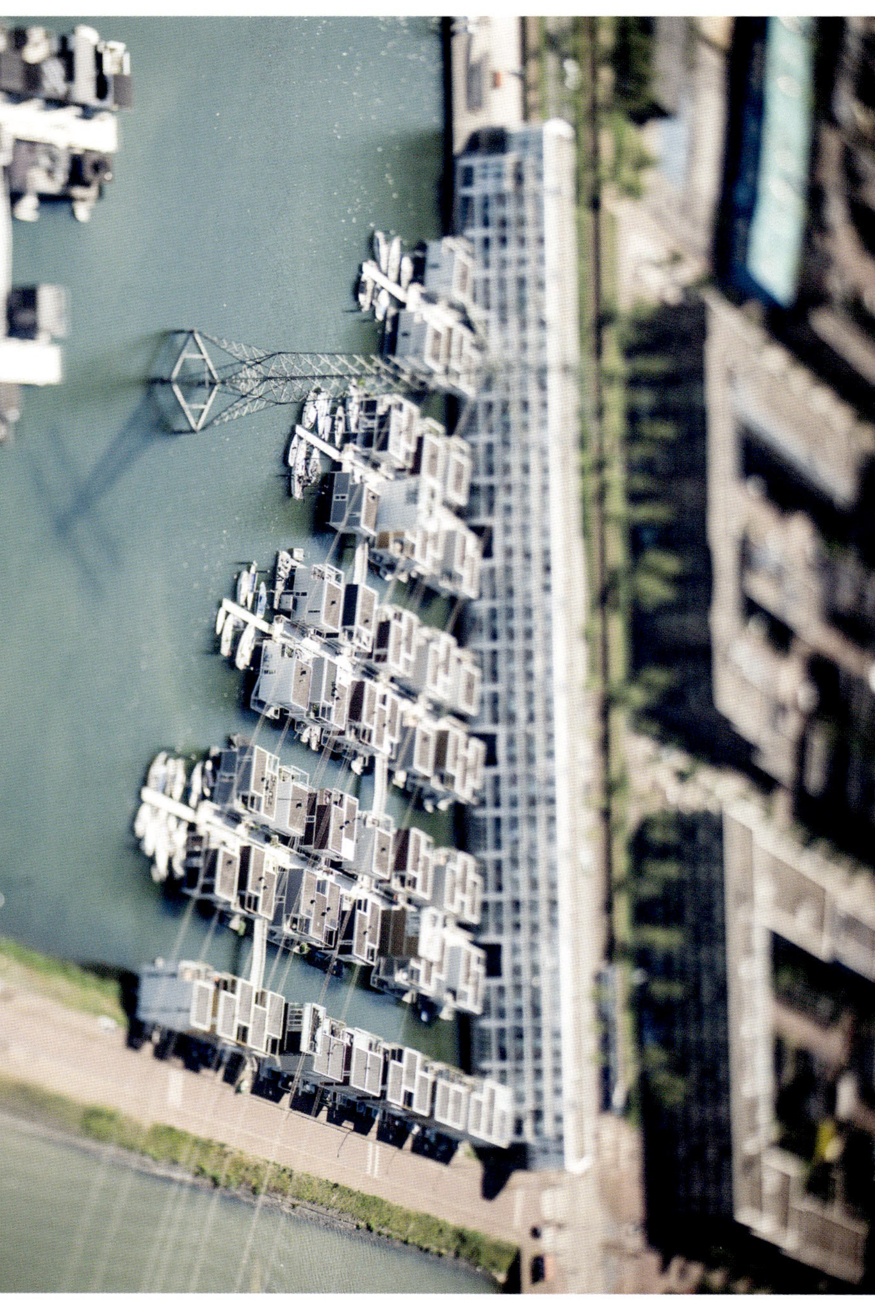

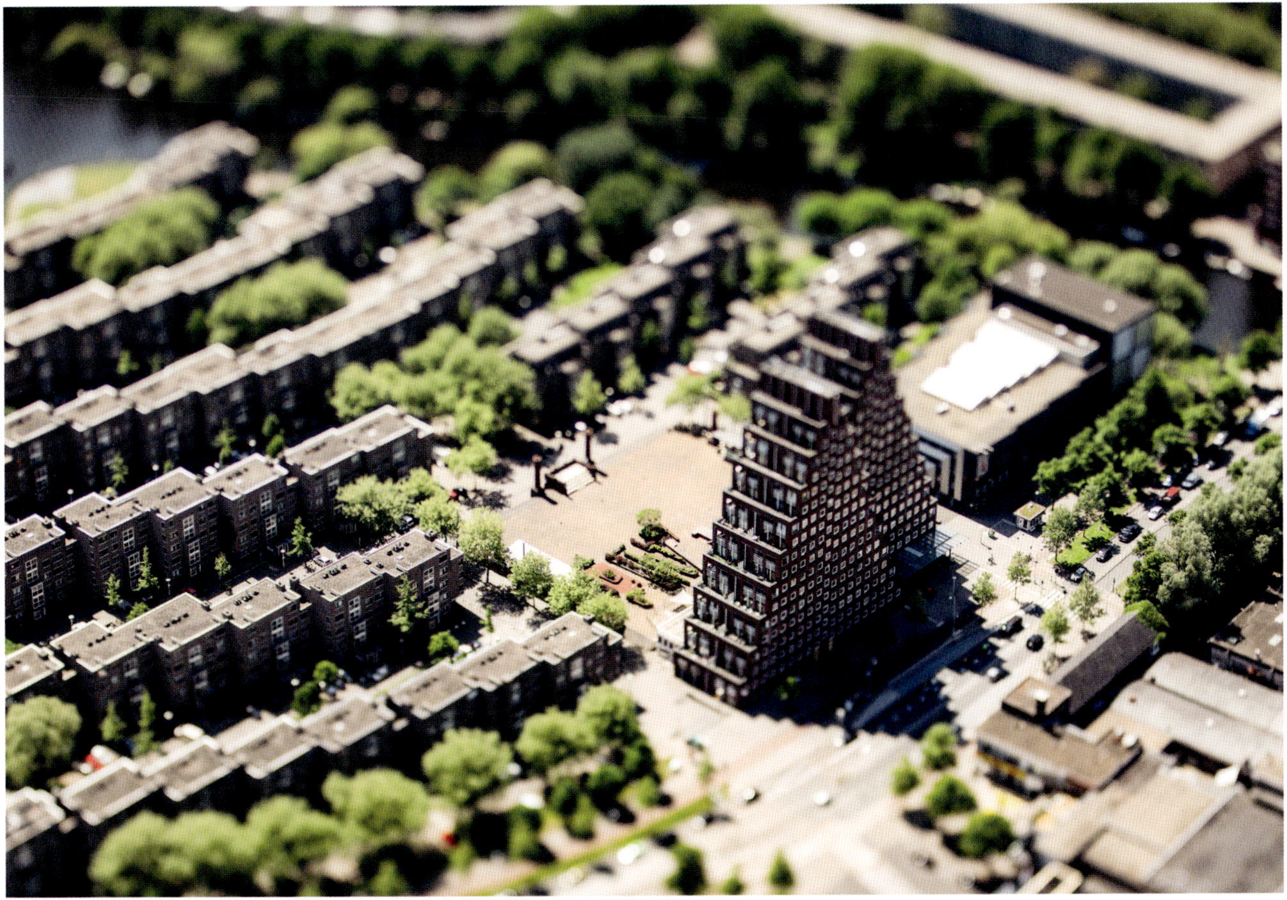

Jan van Galenstraat

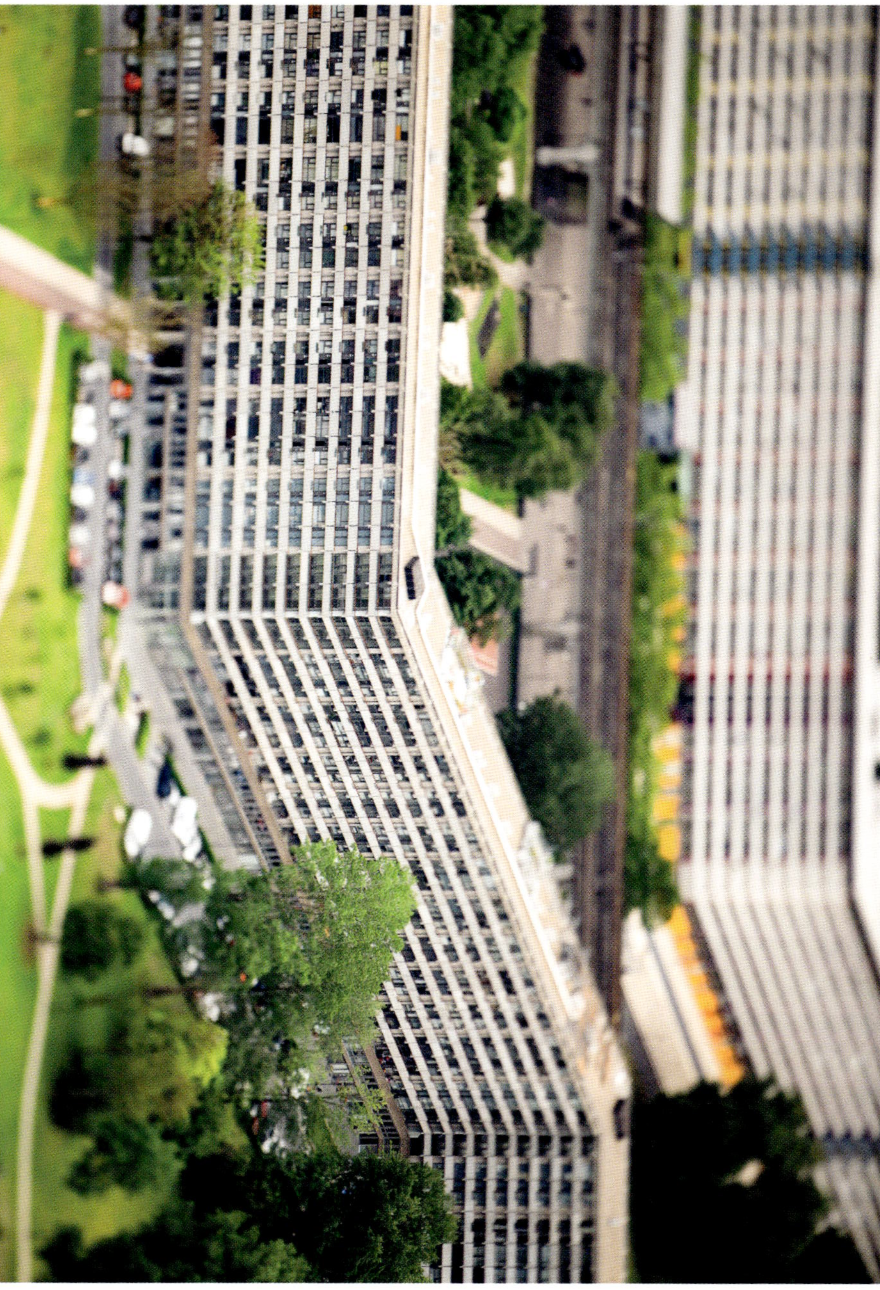

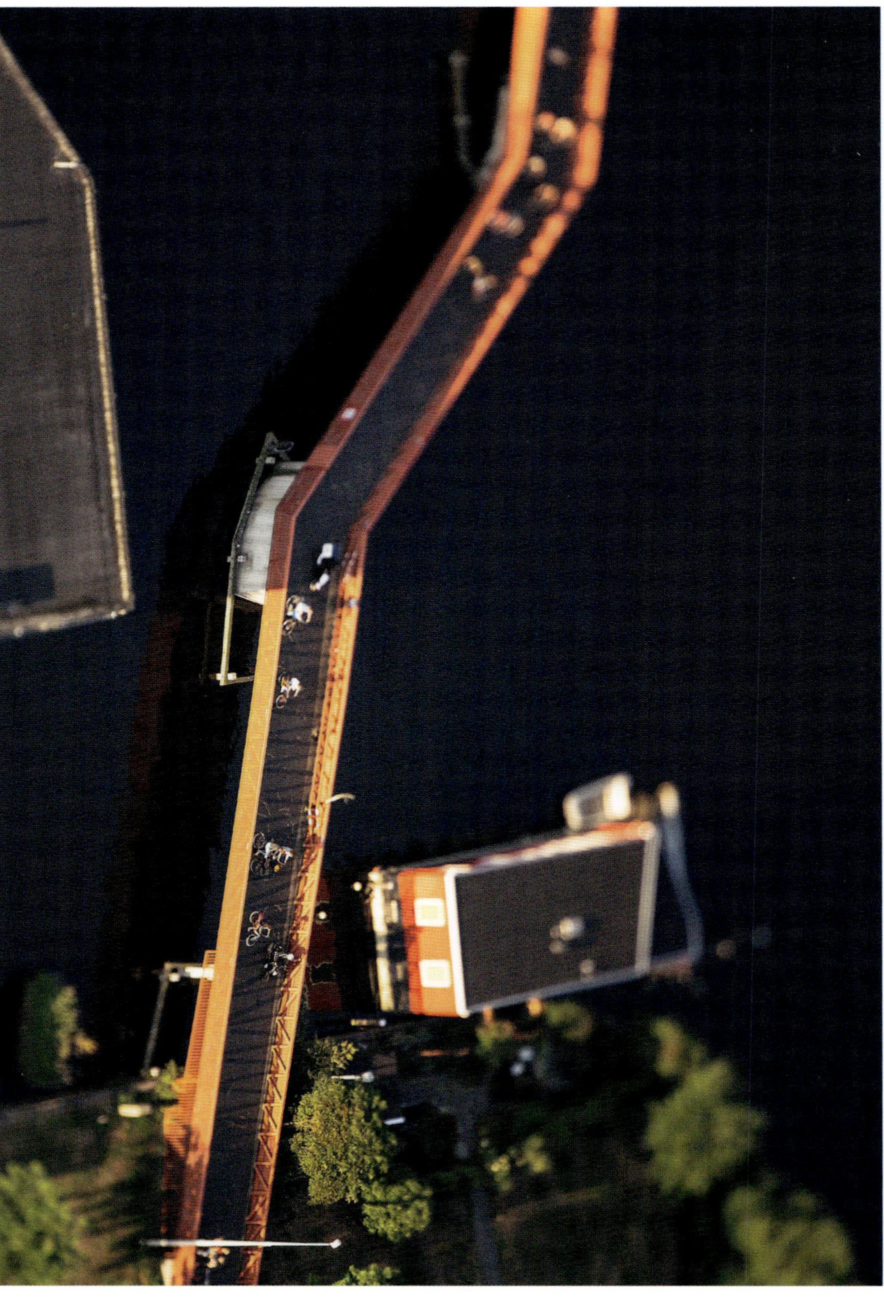

Buys Bridge

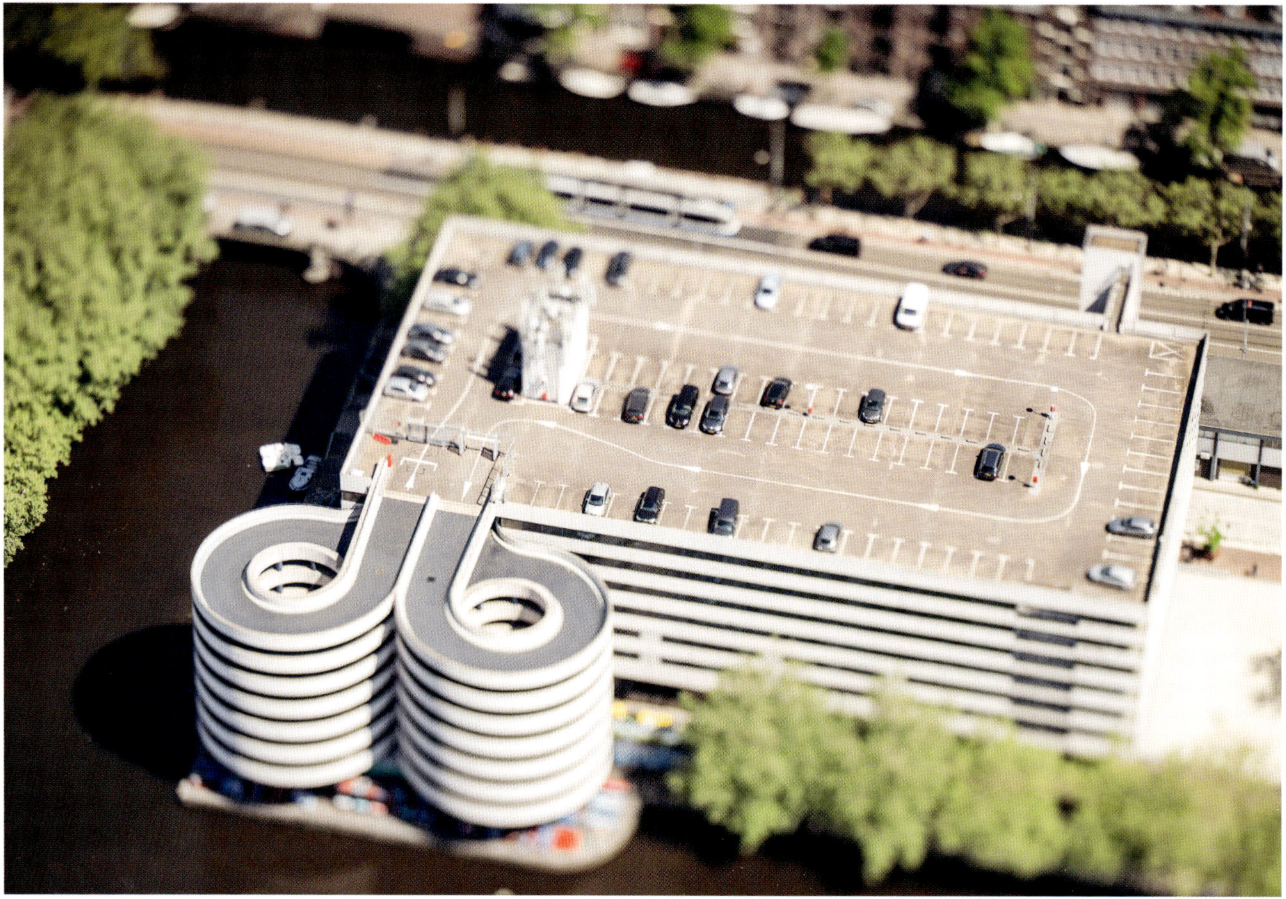

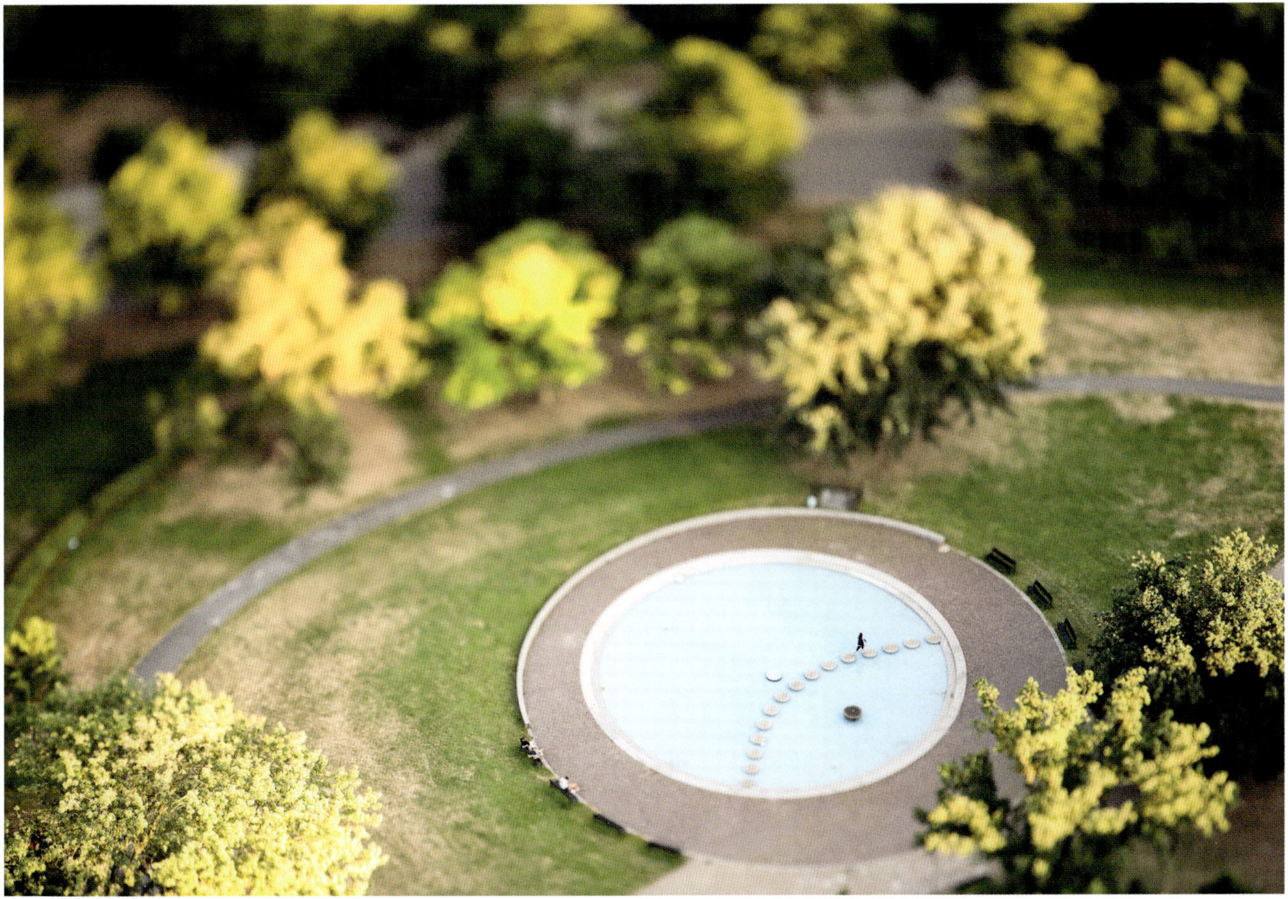

Vondelpark

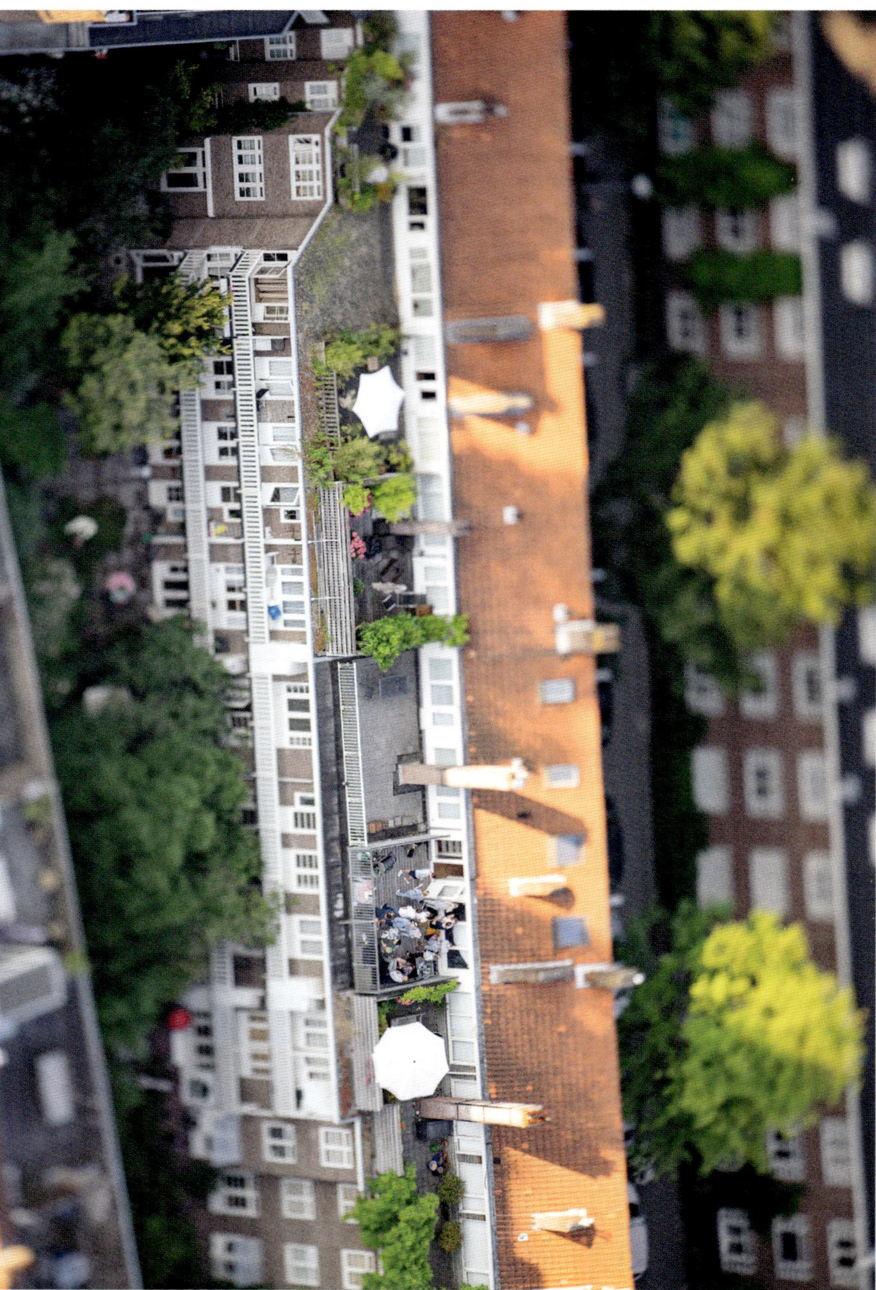

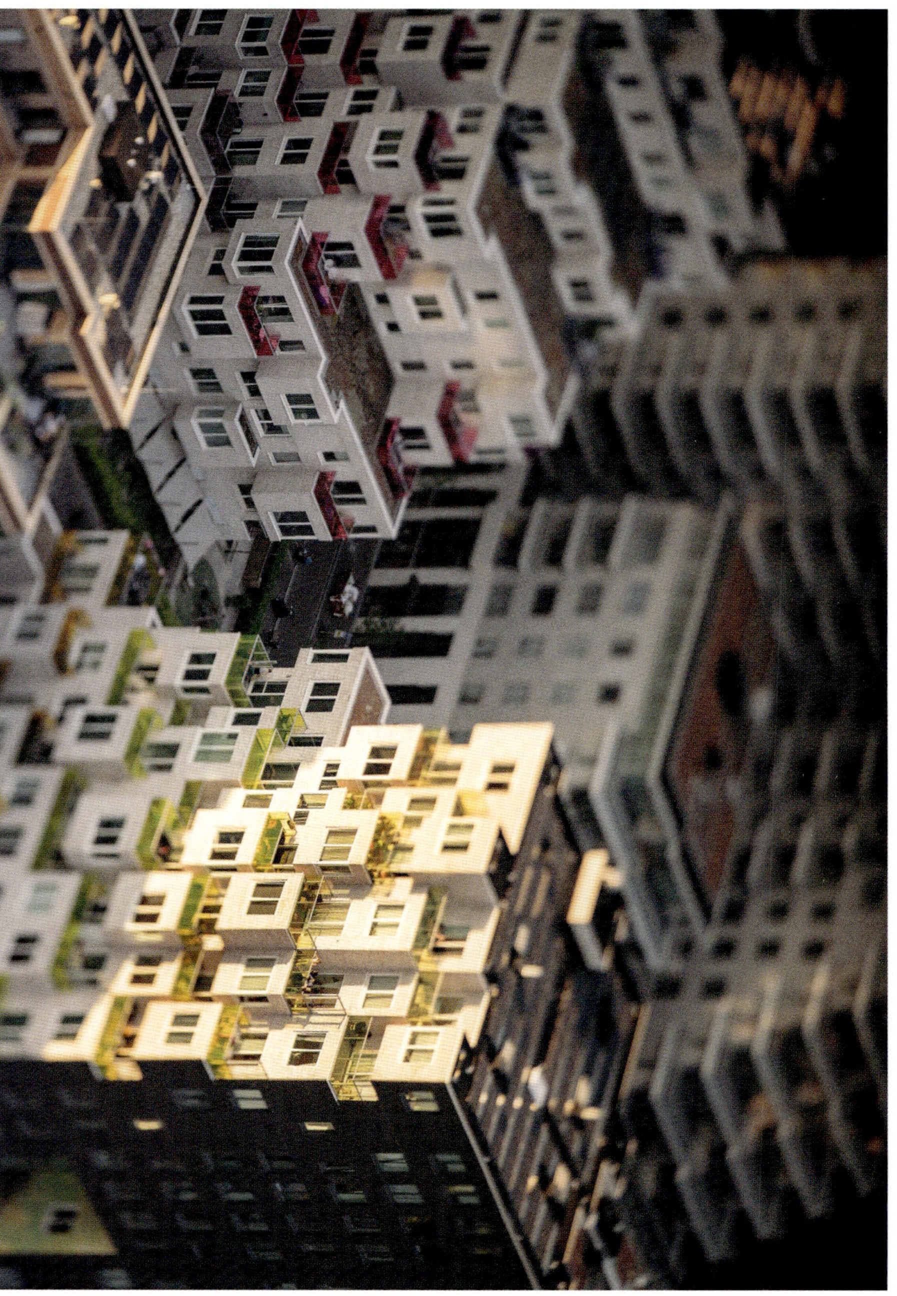

I wish I didn't live in Amsterdam.
That way I would go there on holiday.

K. Schippers, Dutch writer

Ik wilde dat ik niet in Amsterdam woonde,
dan ging ik erheen met vakantie.

K. Schippers, Nederlands schrijver

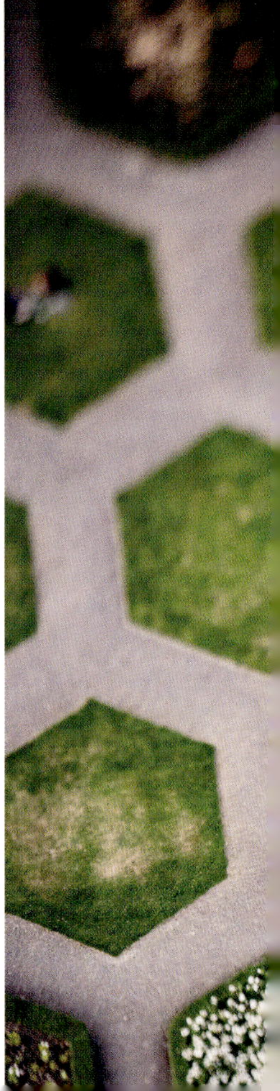

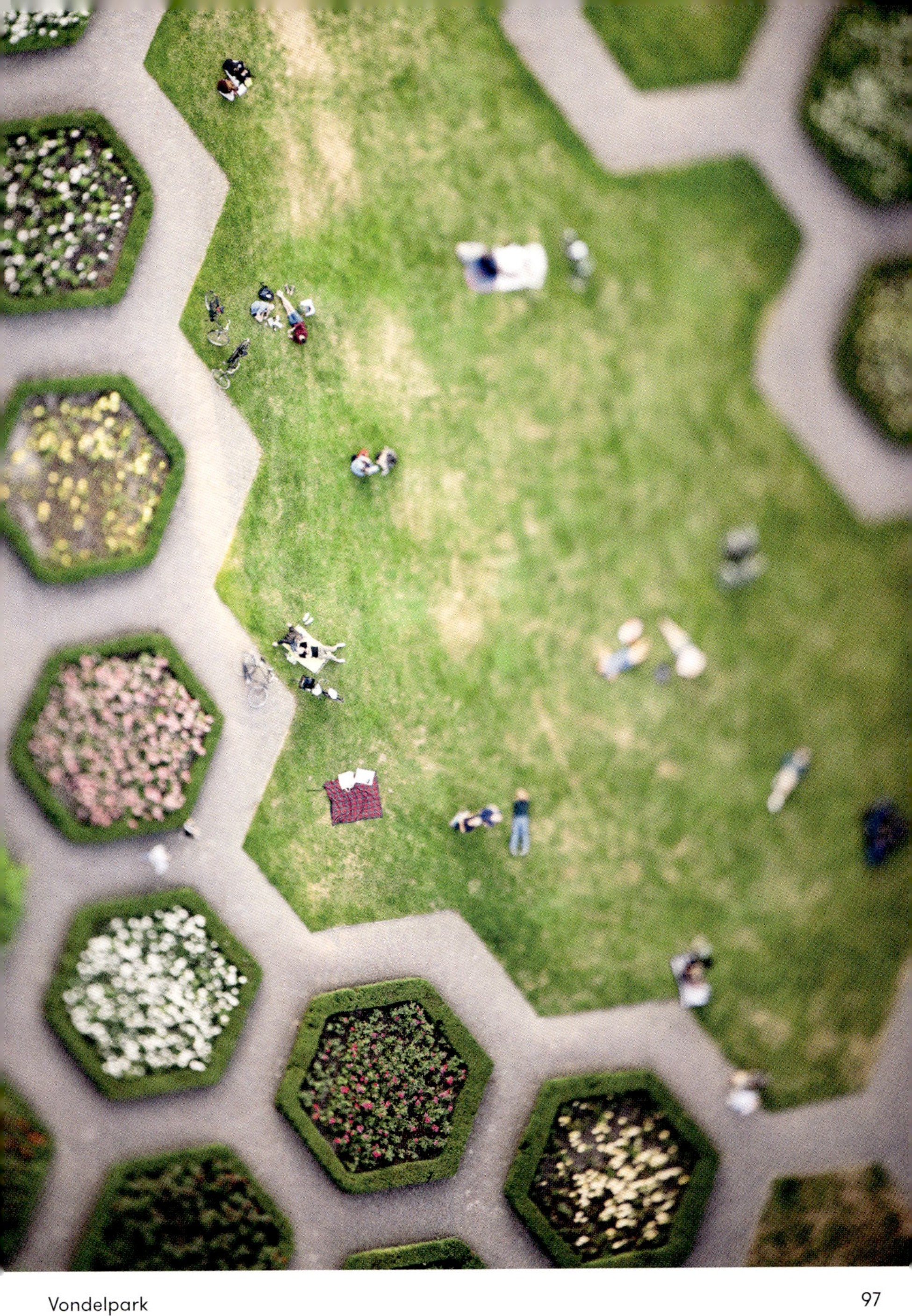

Vondelpark

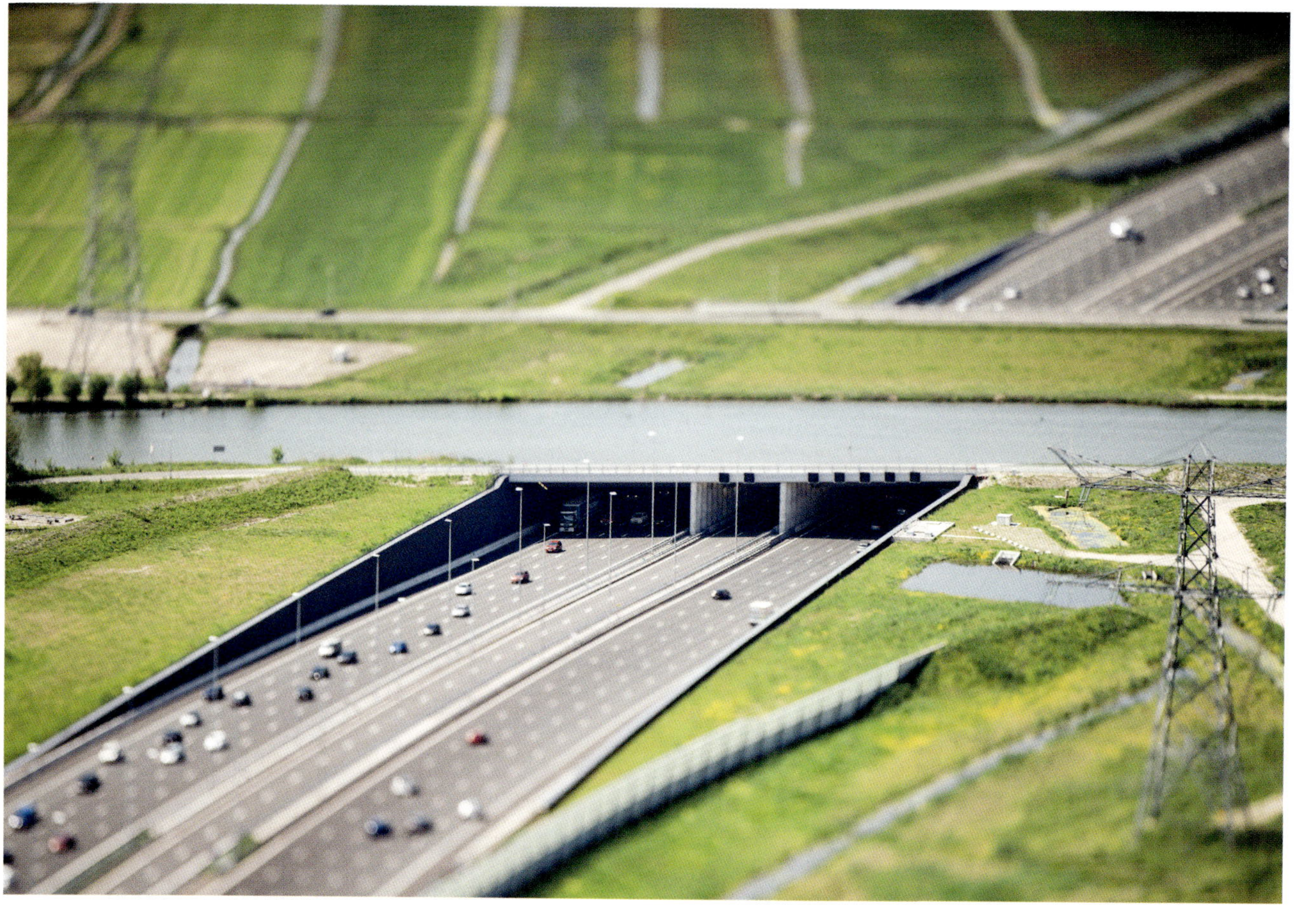

Aqueduct Vechtzicht

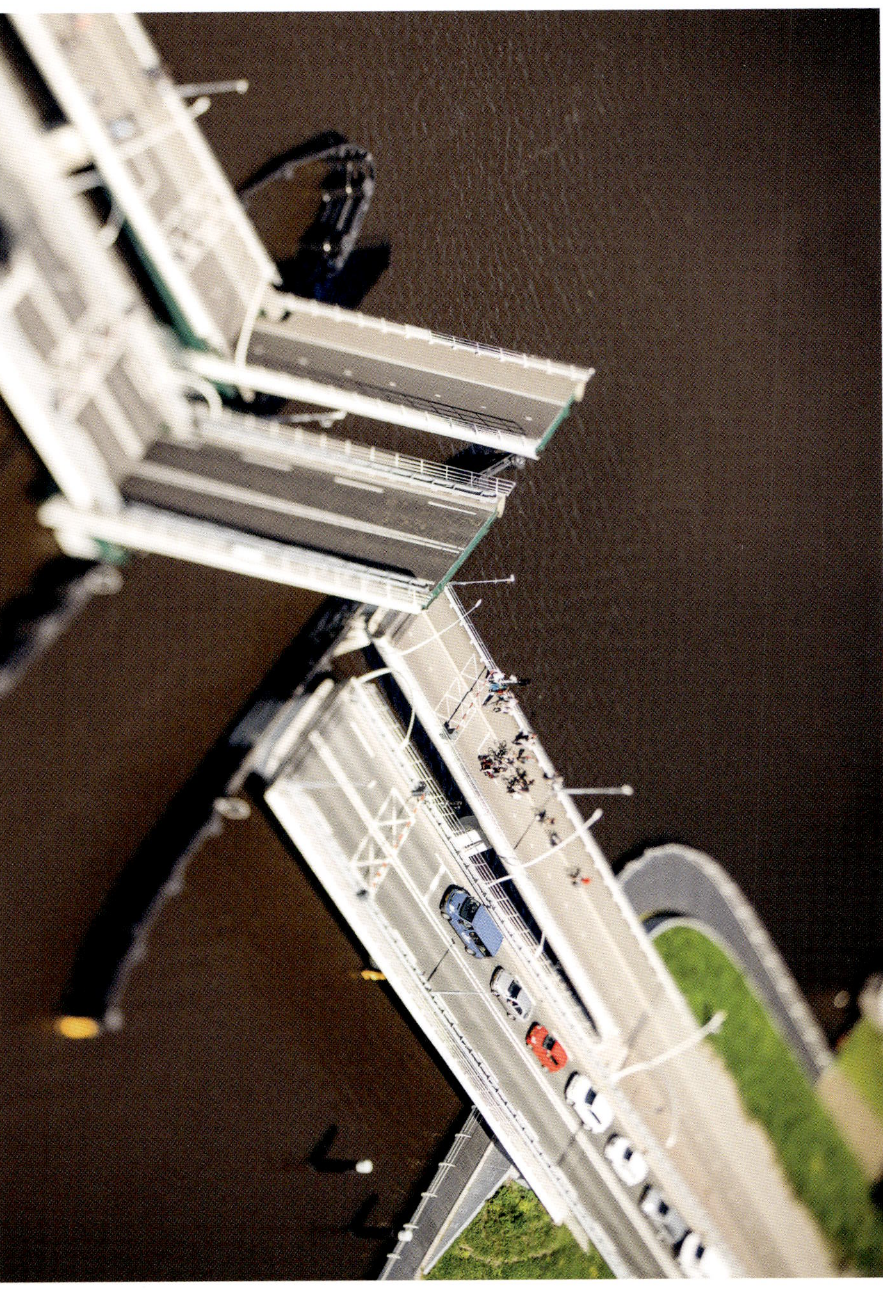

Juliana Bridge

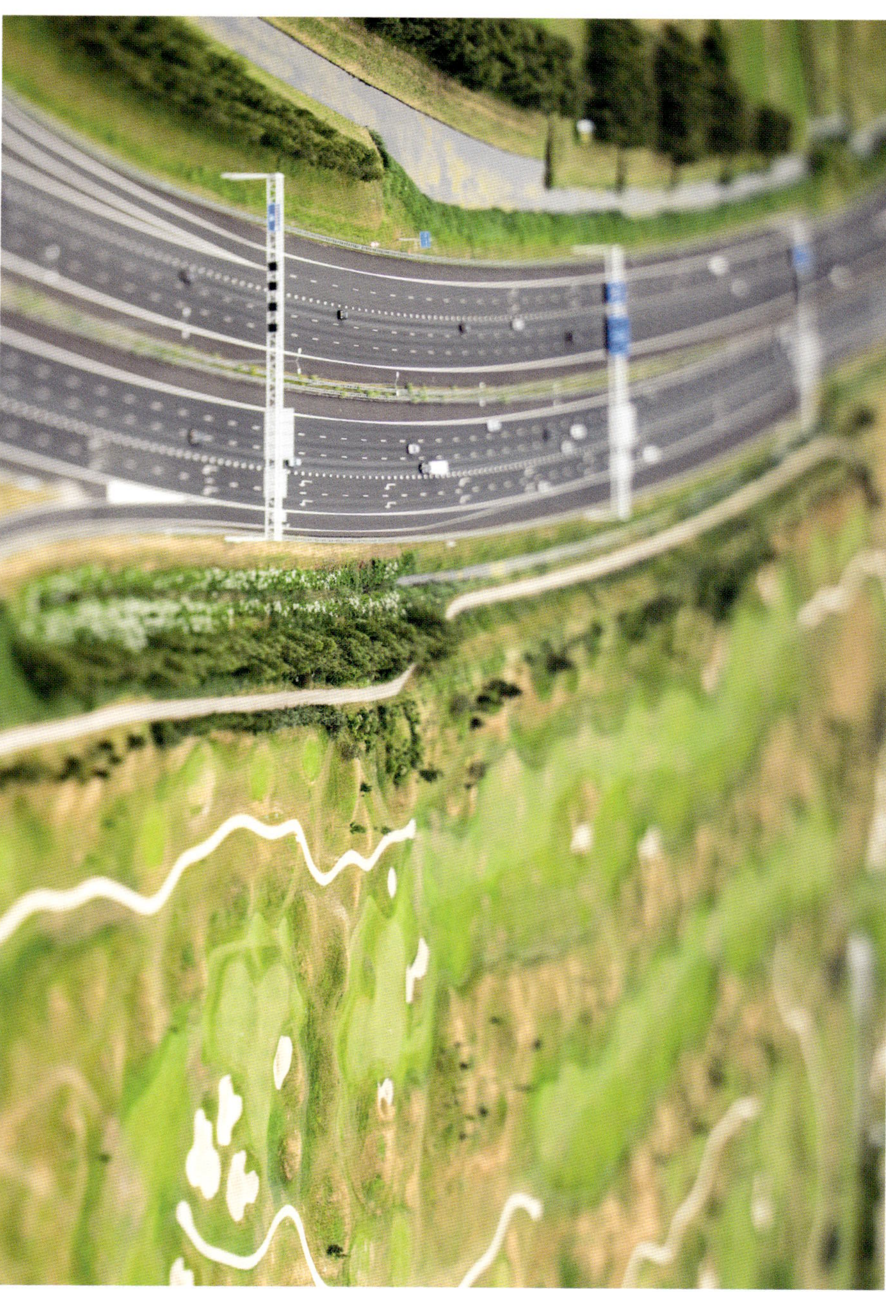

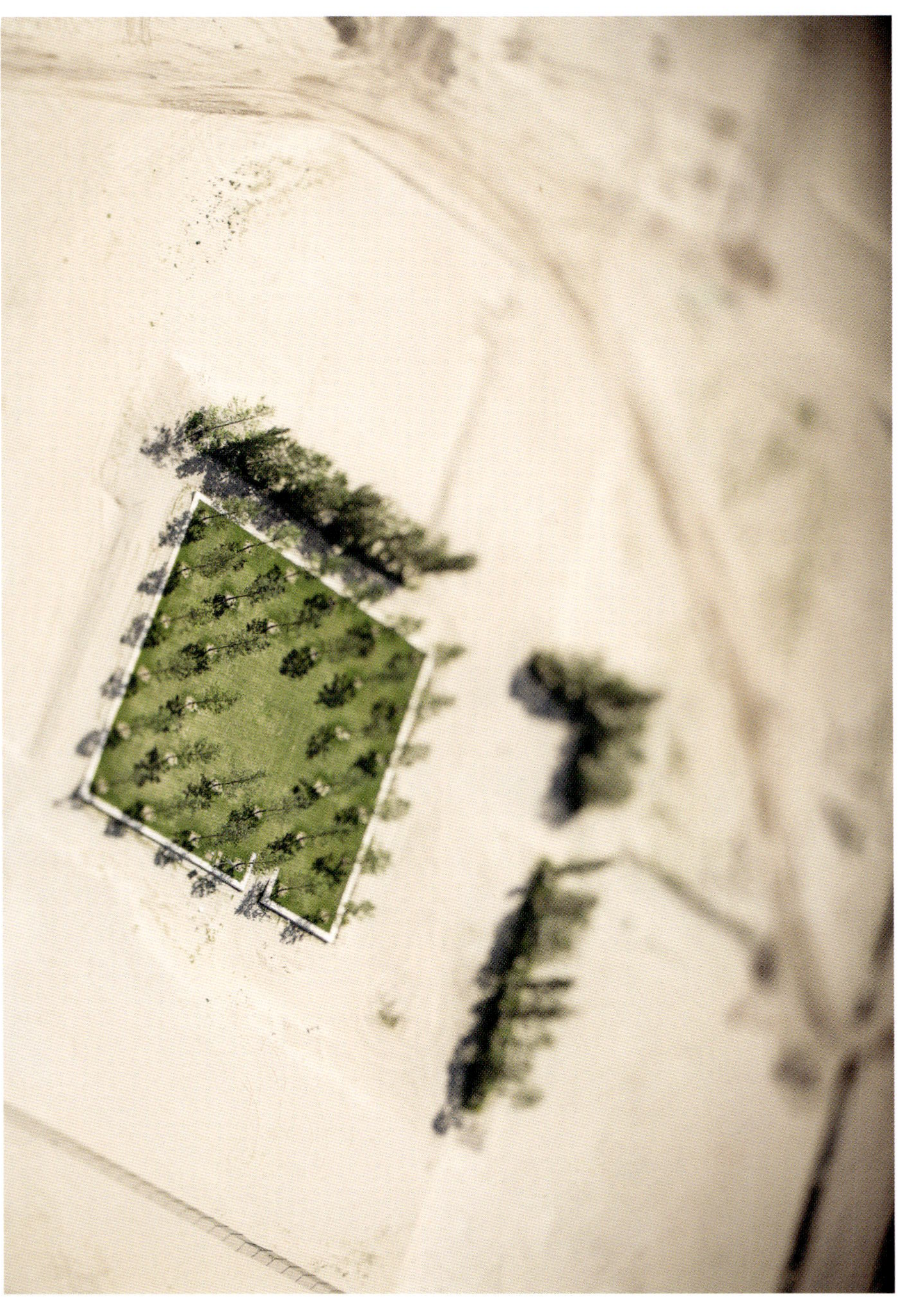

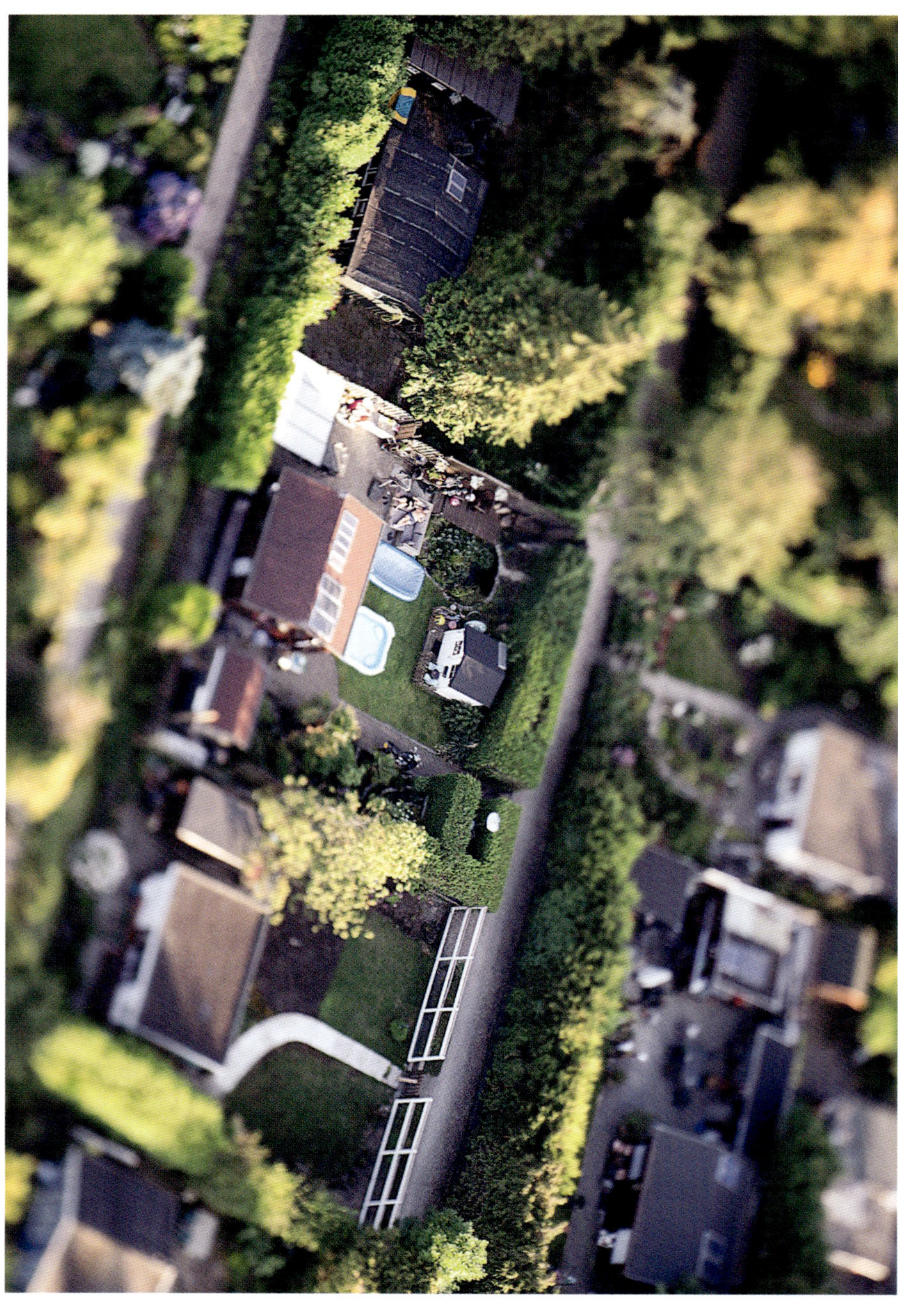

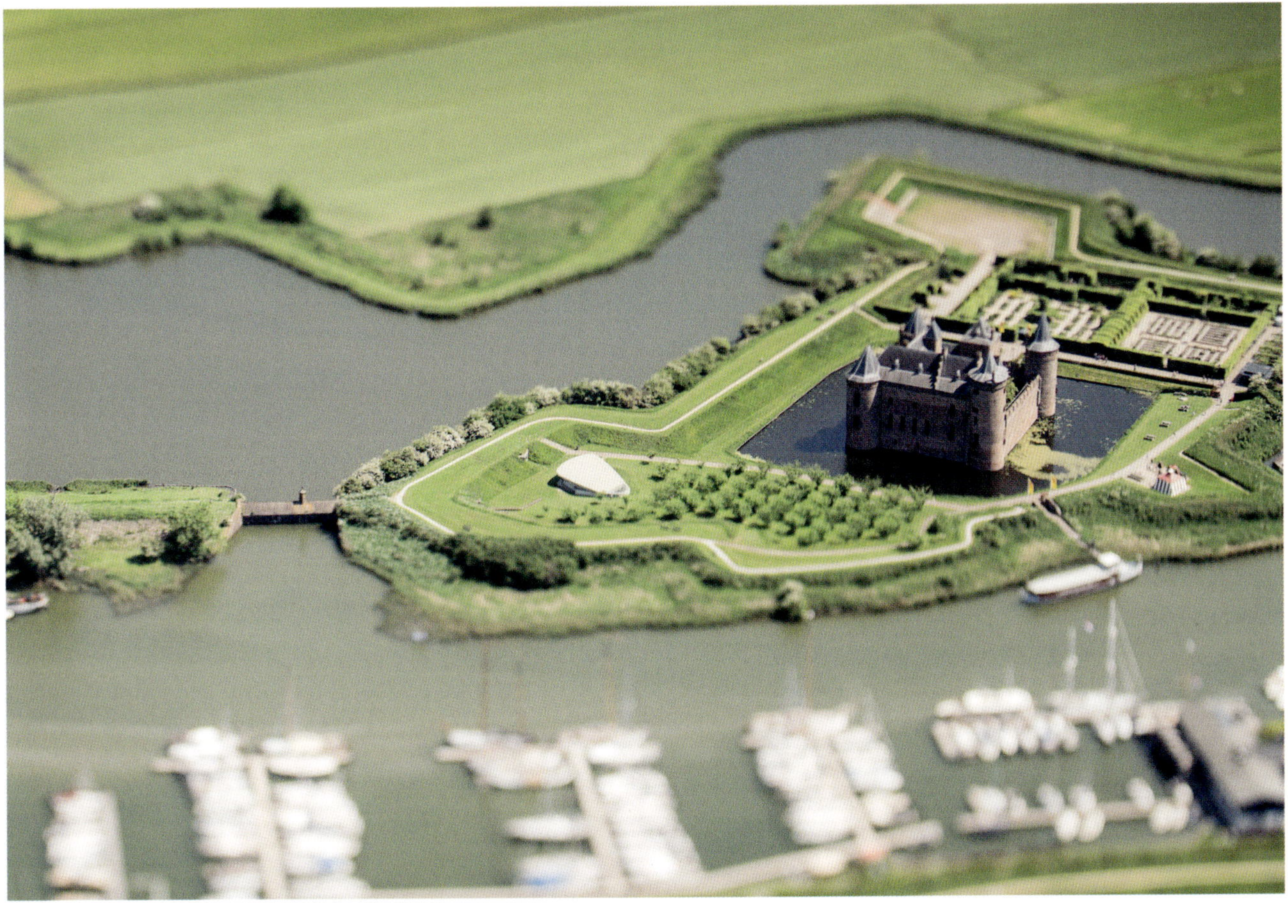

Muiderslot Castle

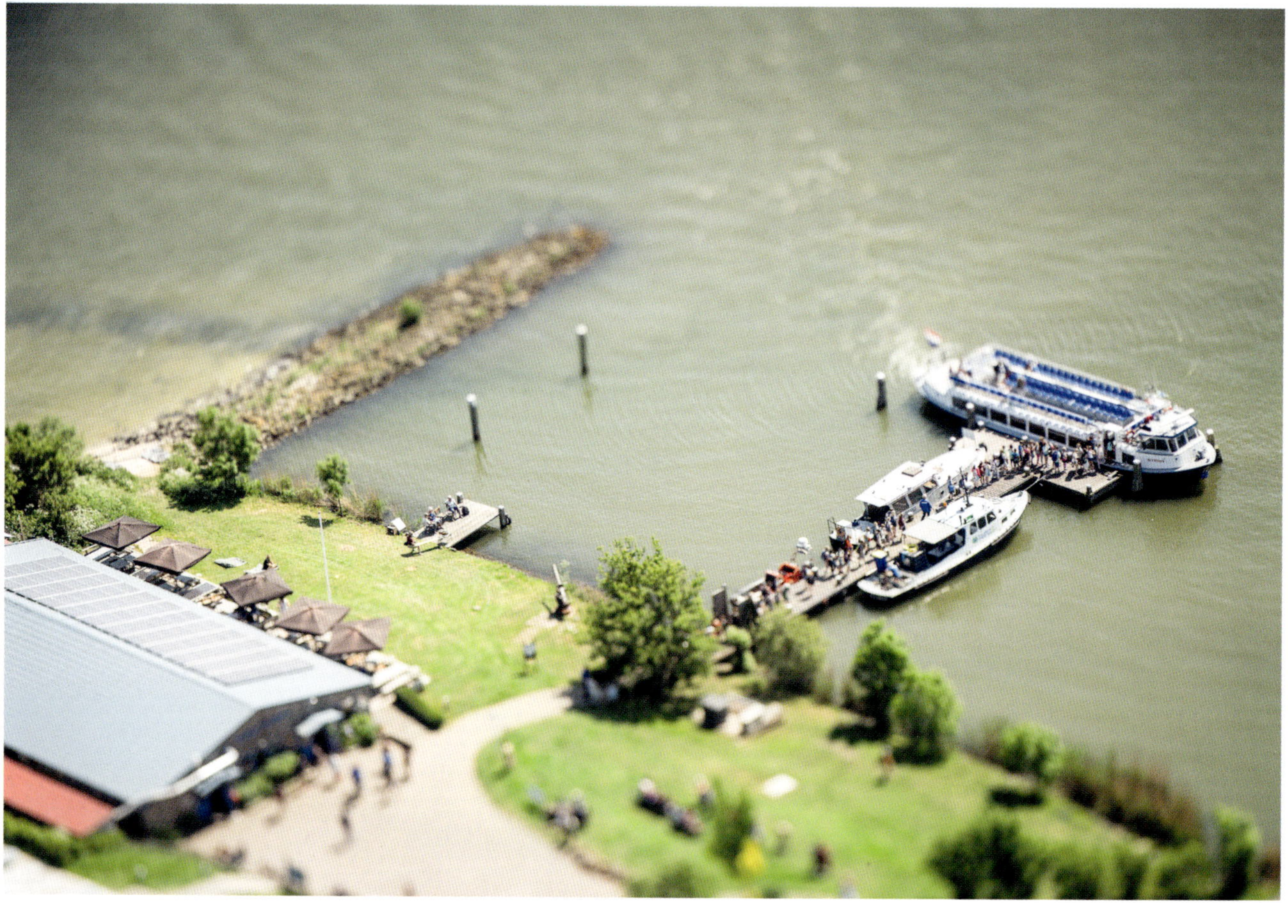

Fort Island Pampus

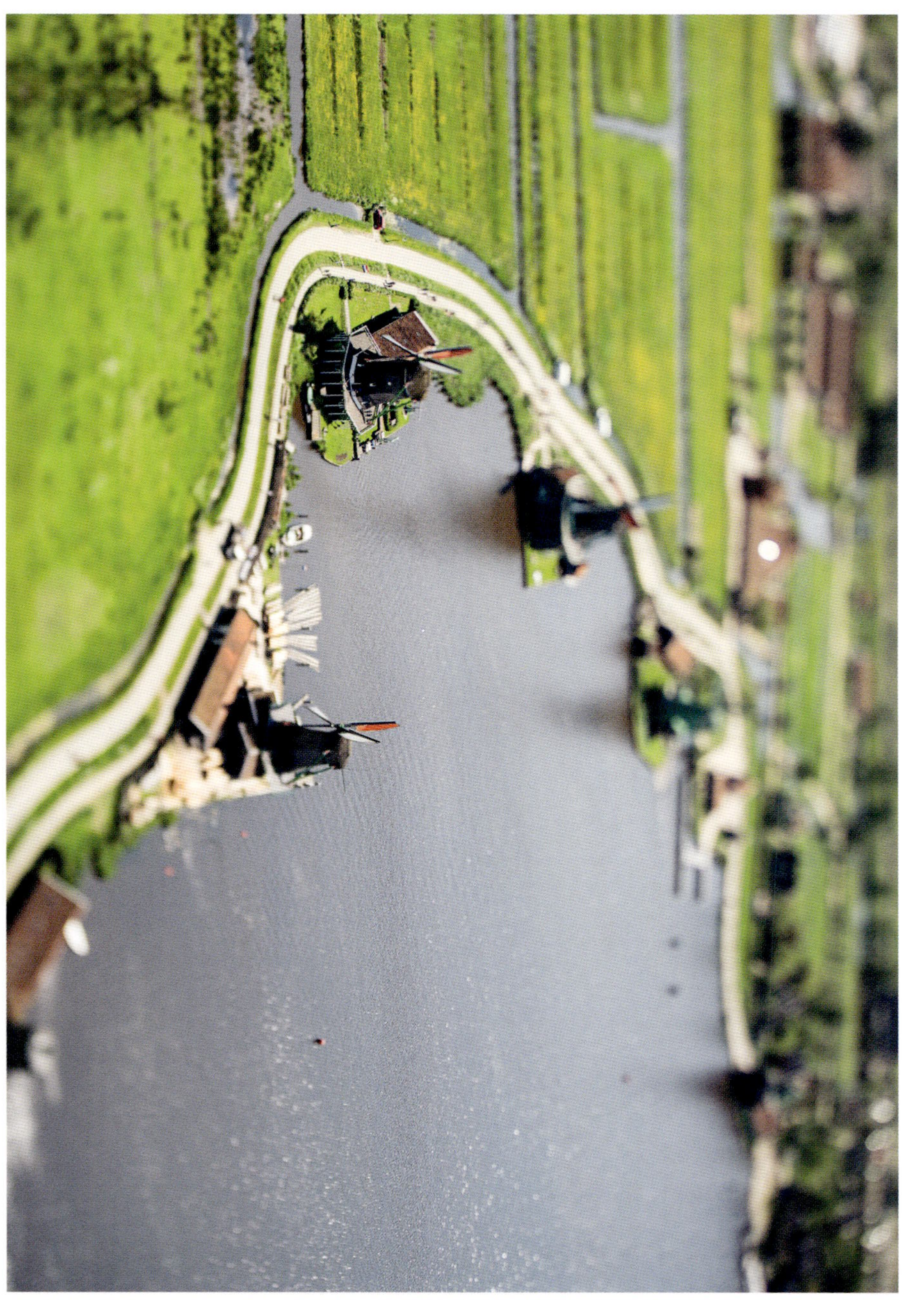

Zaan

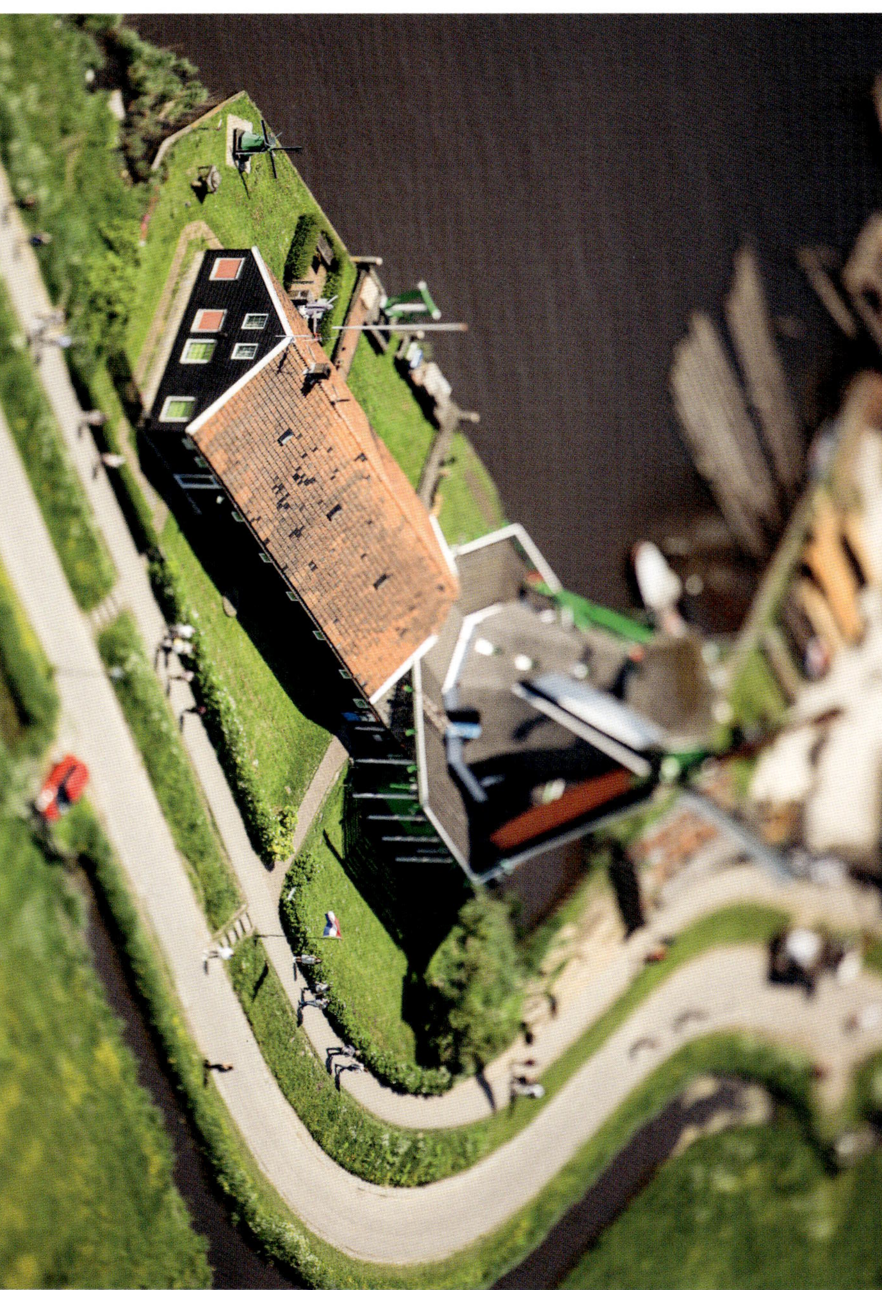

Inntel Hotels Zaandam

My grandson said: 'So the Netherlands is in fact what they built around Amsterdam.' I simply said: 'Yes.'

Simon Carmiggelt, Dutch writer

Mijn kleinzoon: 'Nederland is dus eigenlijk wat ze om Amsterdam heen hebben gebouwd.' Ik heb maar ‘ja’ geantwoord.

Simon Carmiggelt, Nederlands schrijver

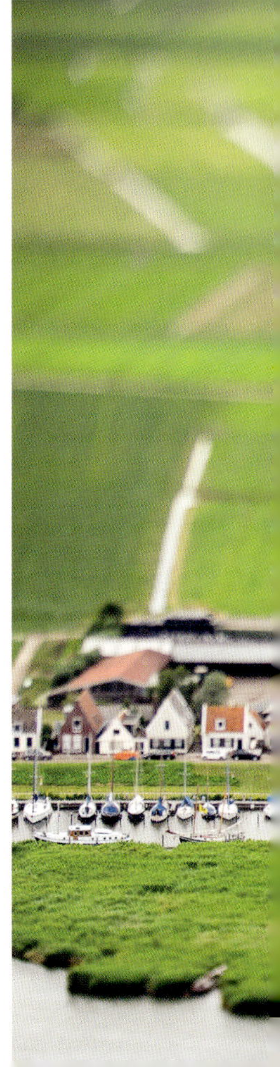

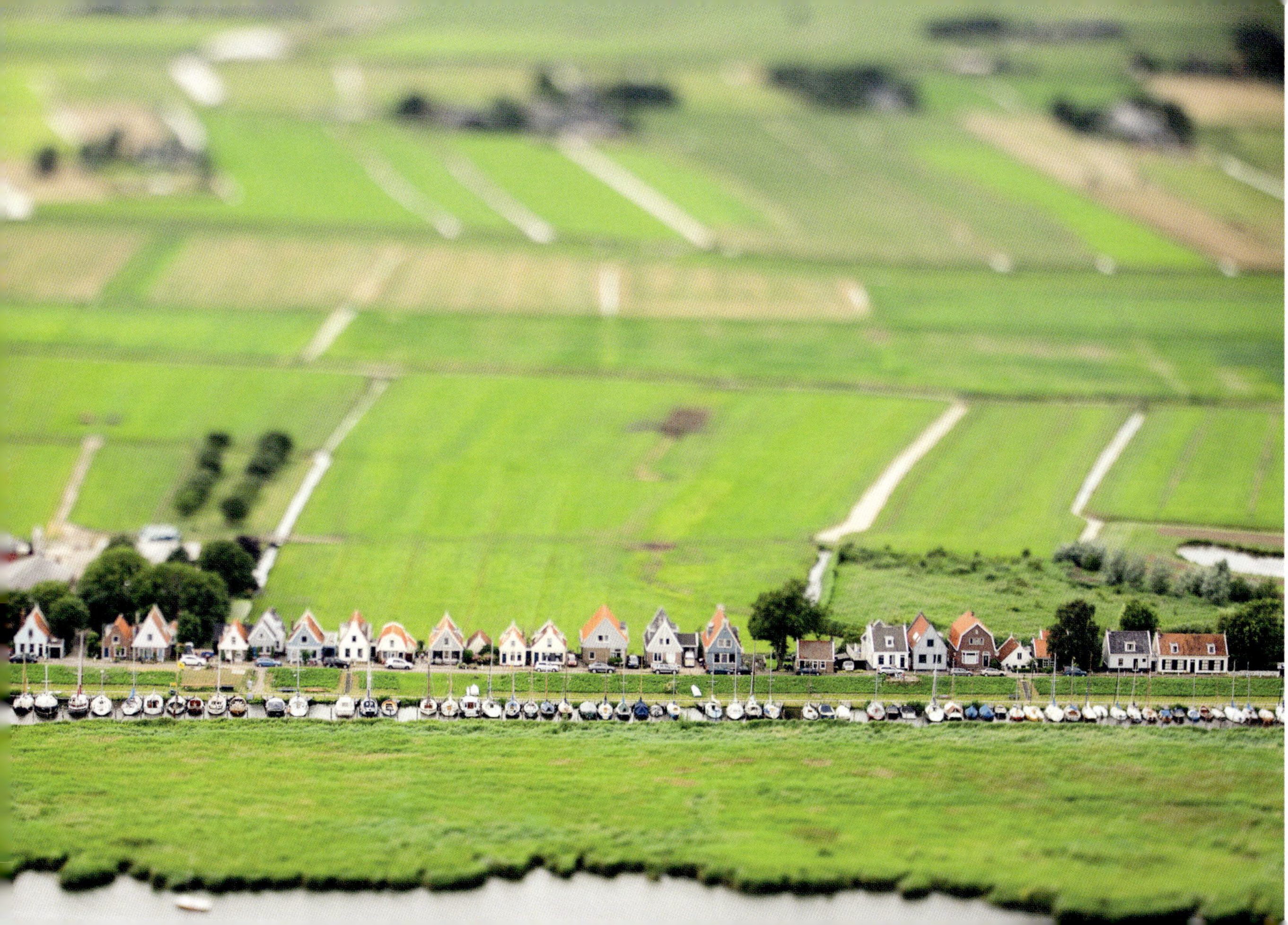

Durgerdam village

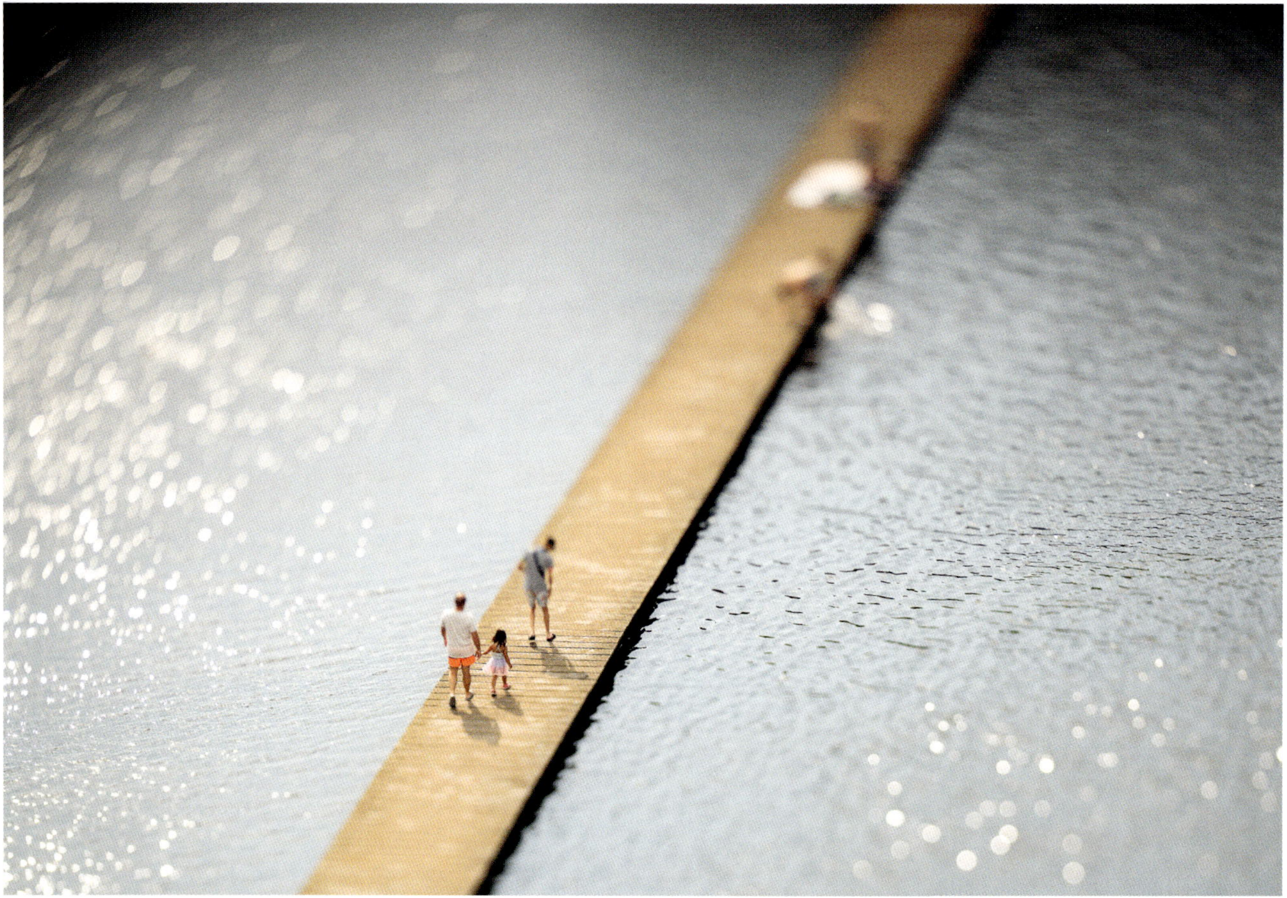

Ouderkerkerplas

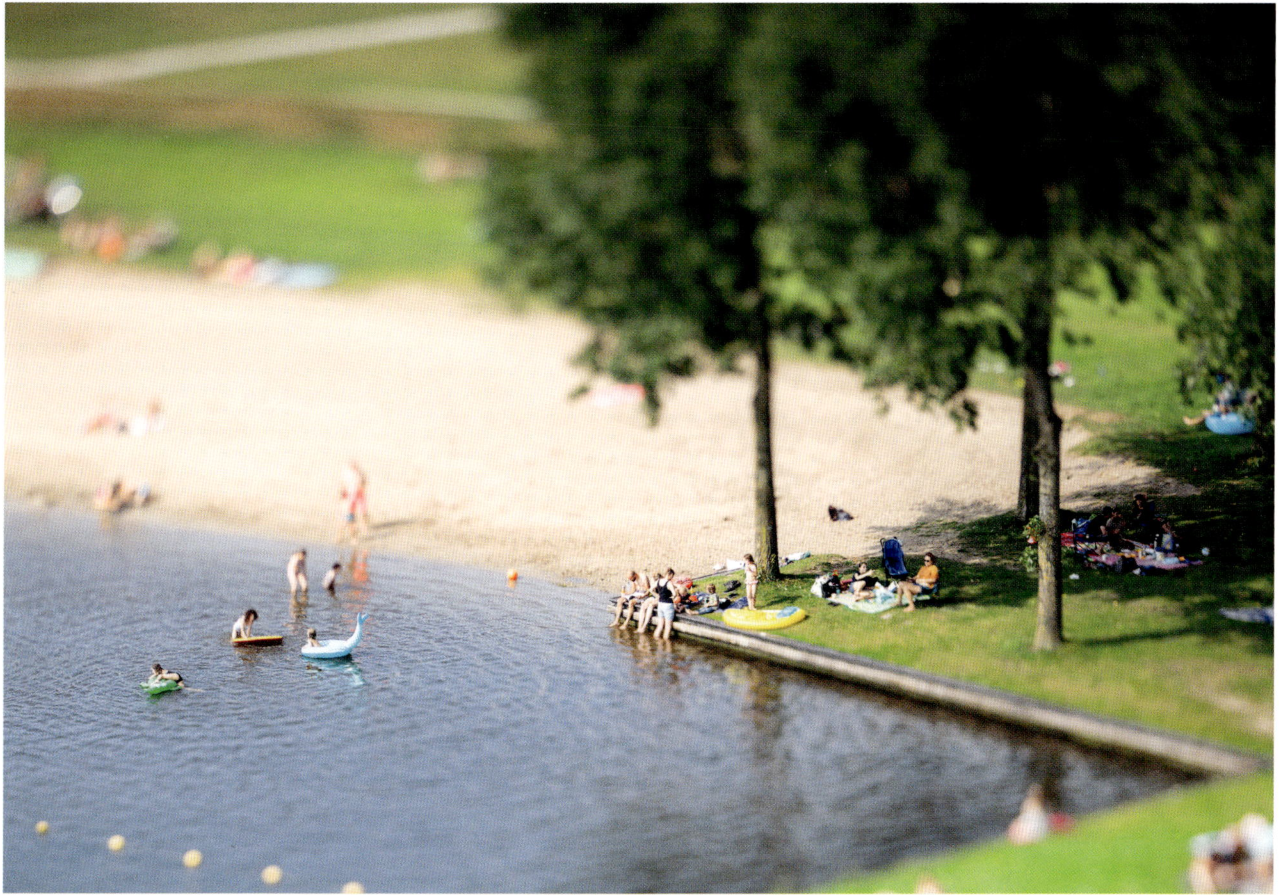

Ouderkerkerplas

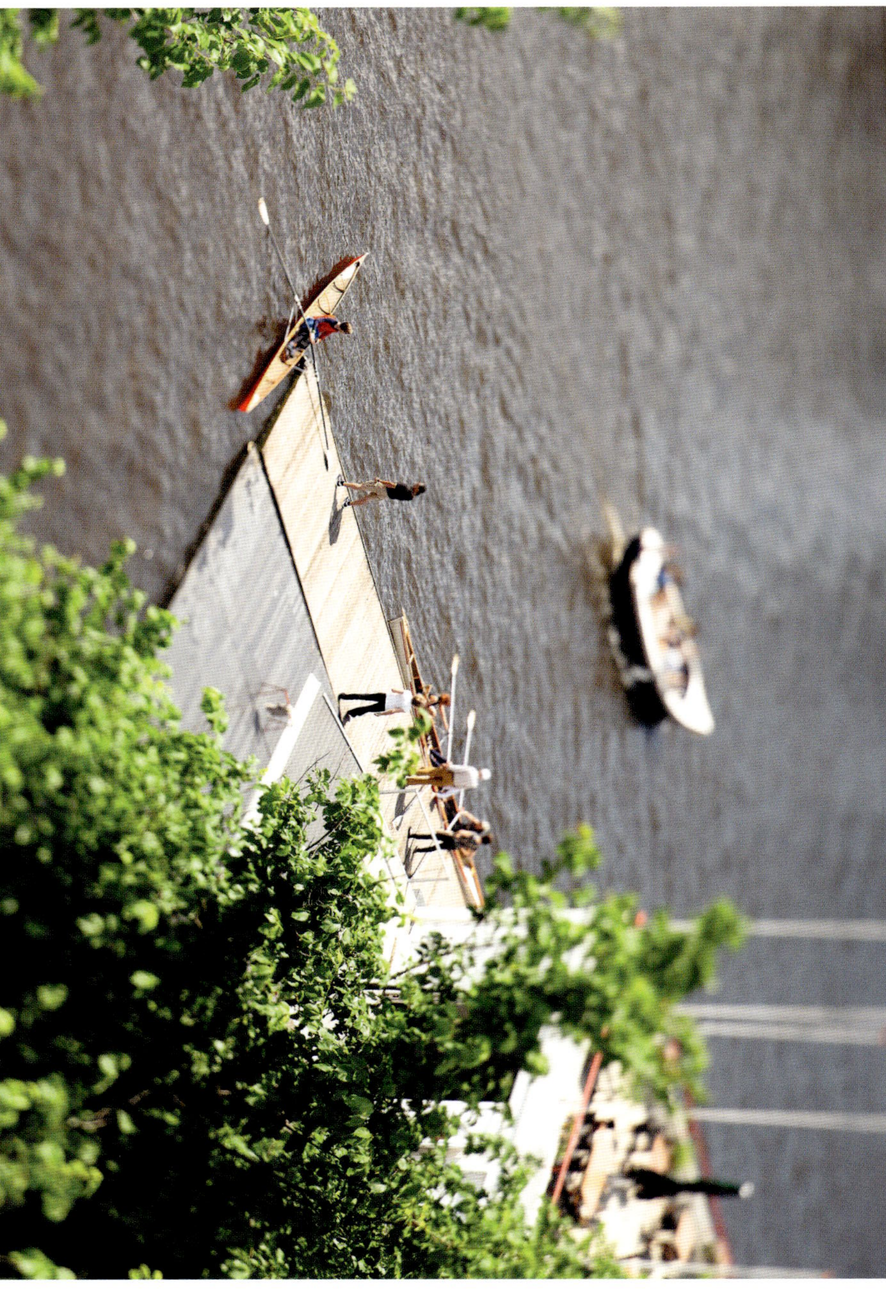

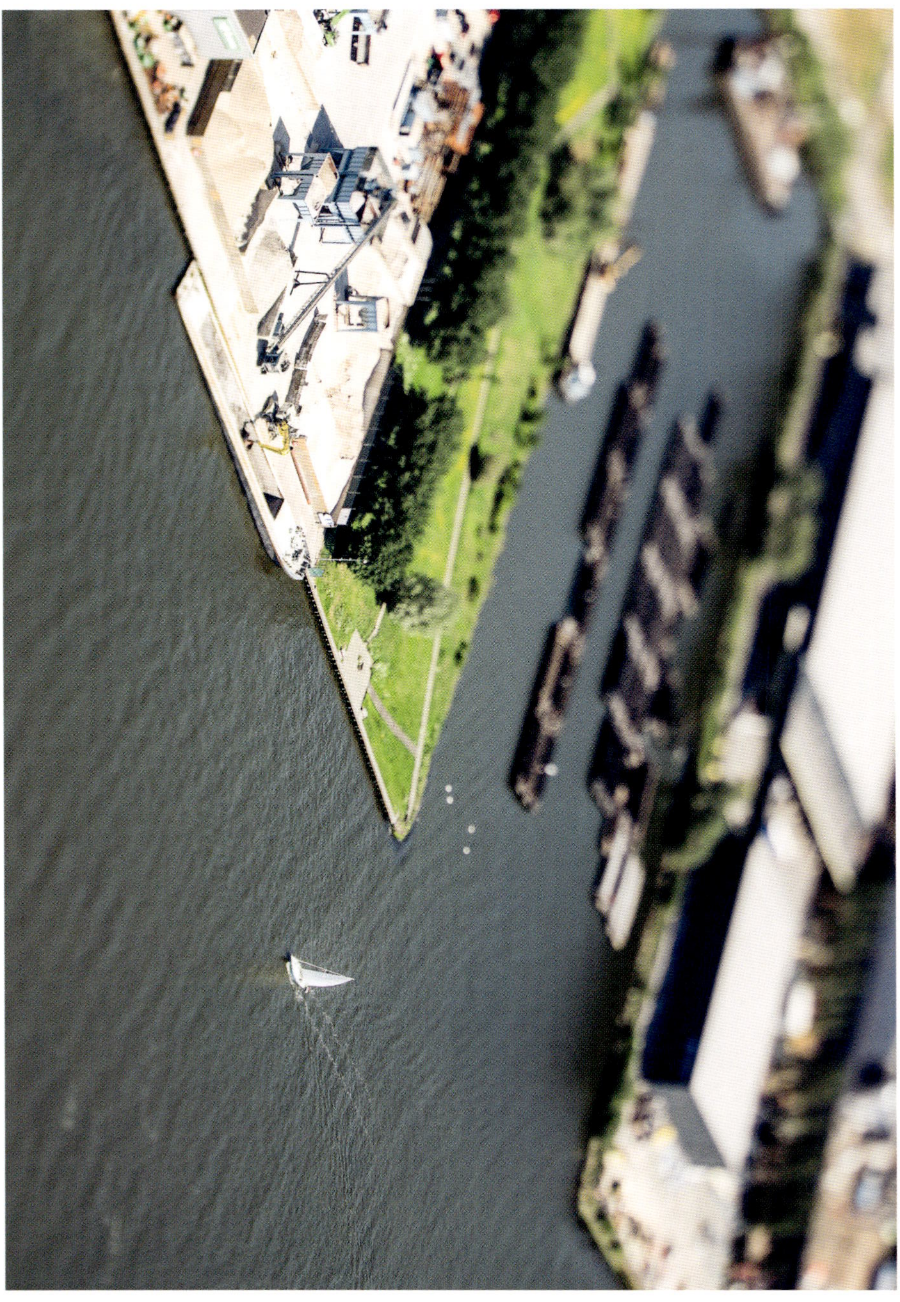

Keerkringpark

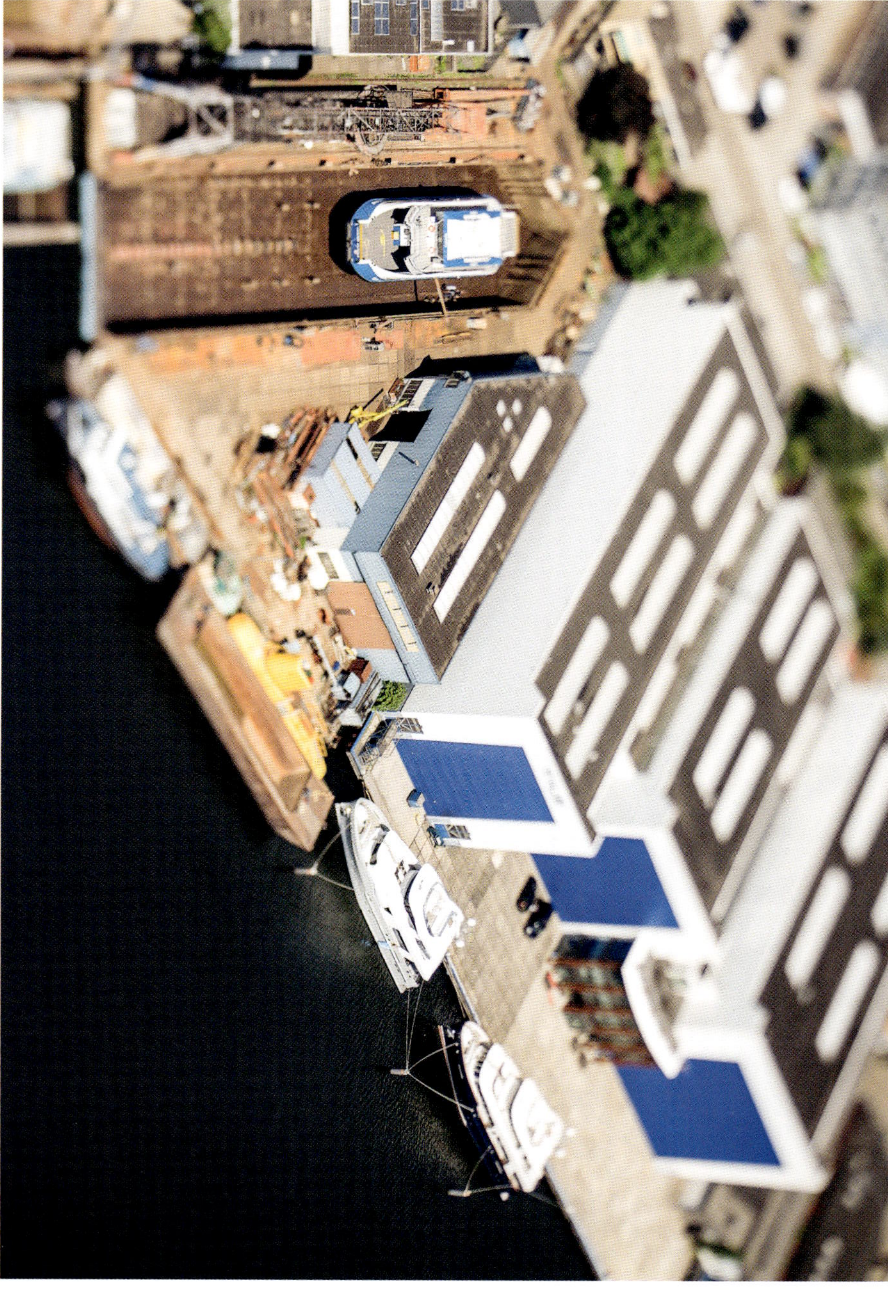

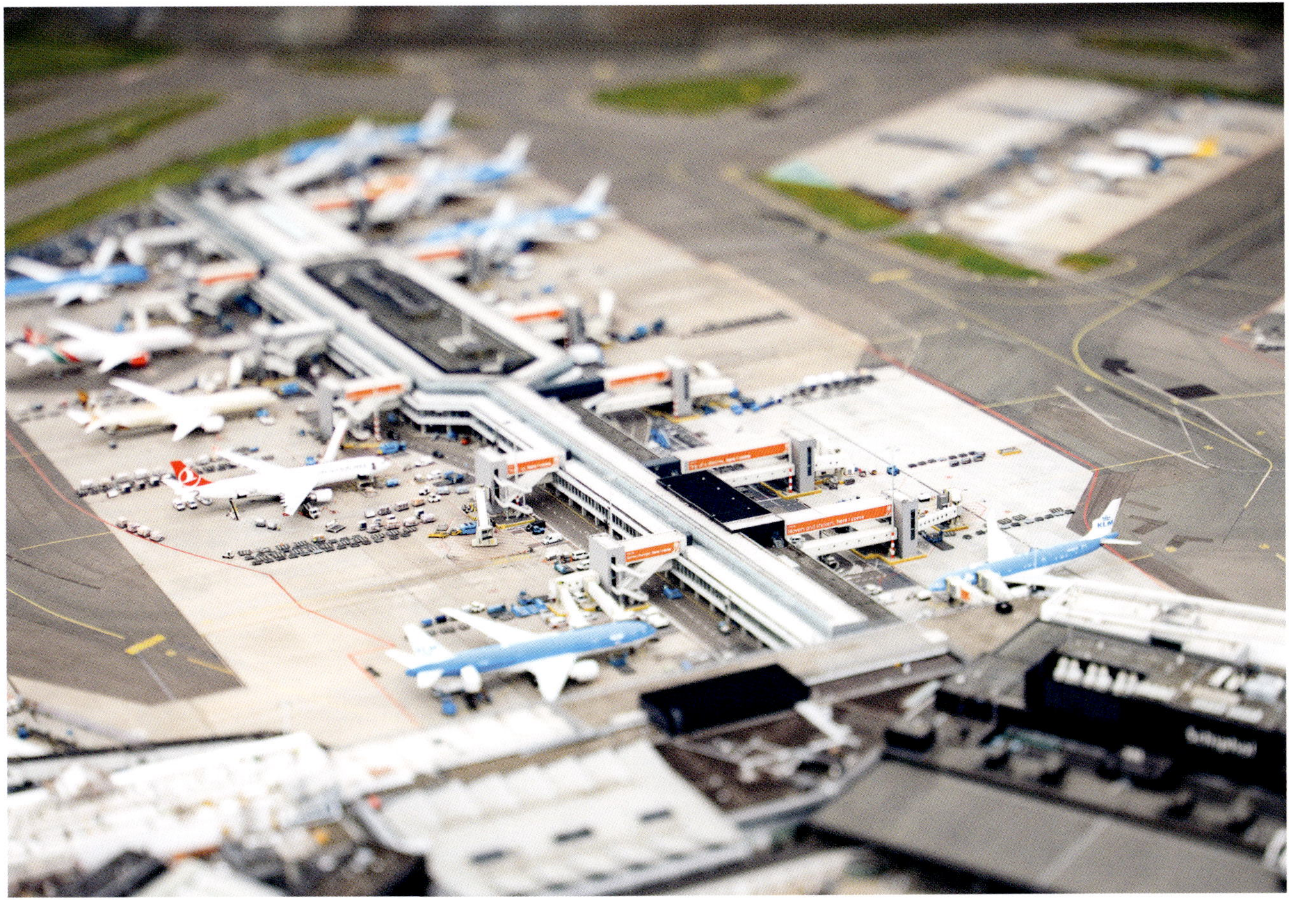

Amsterdam Airport Schiphol

Helmersbuurt

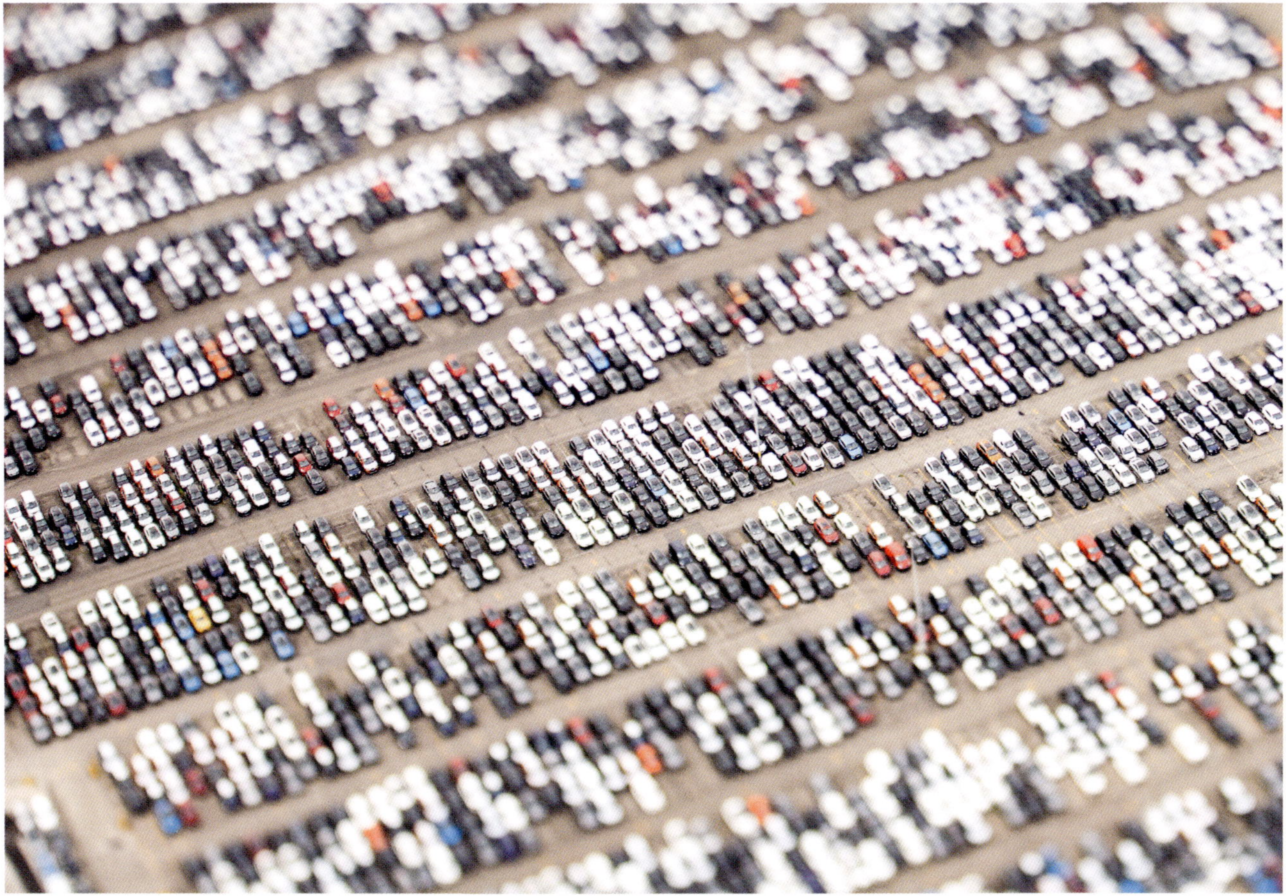

Koopman Car Terminal

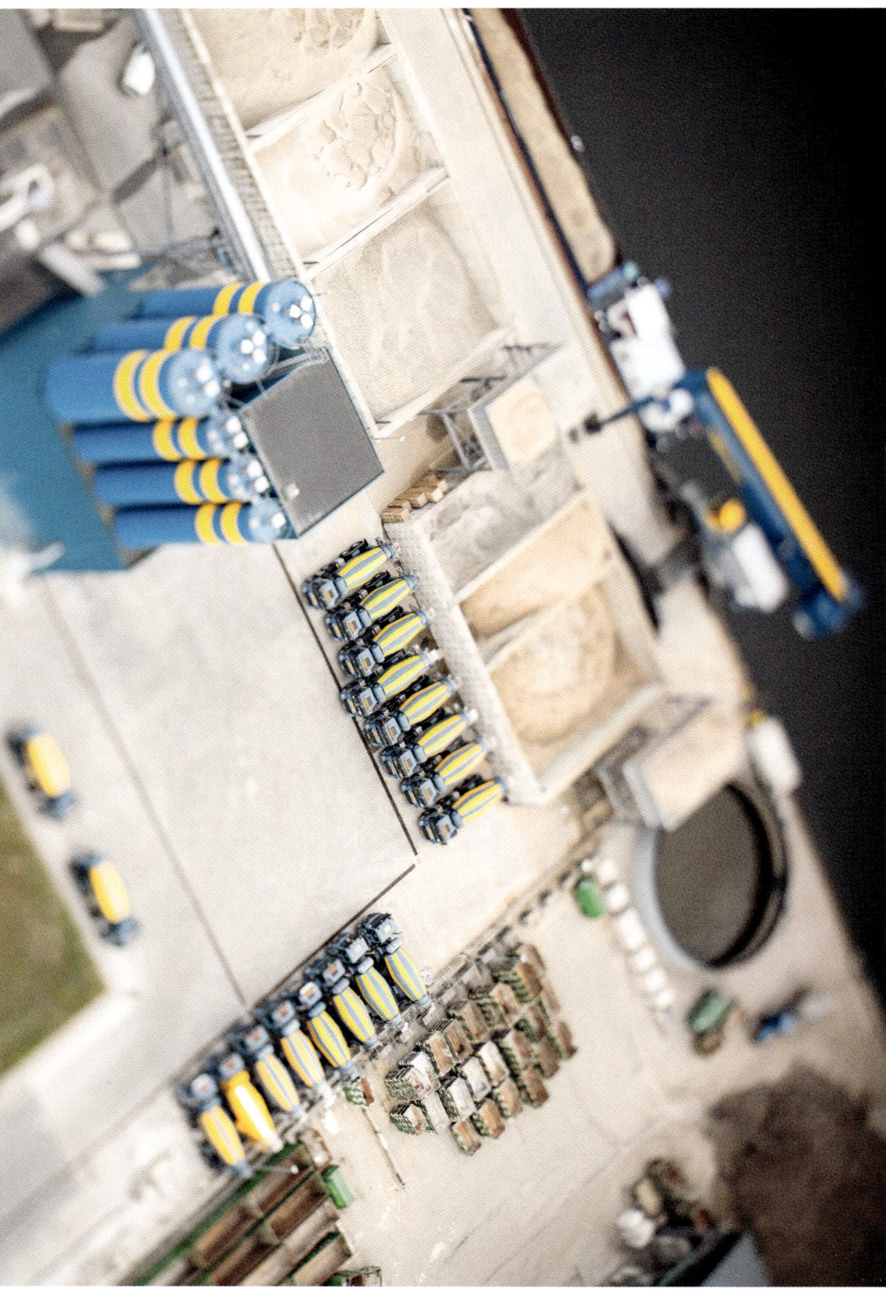

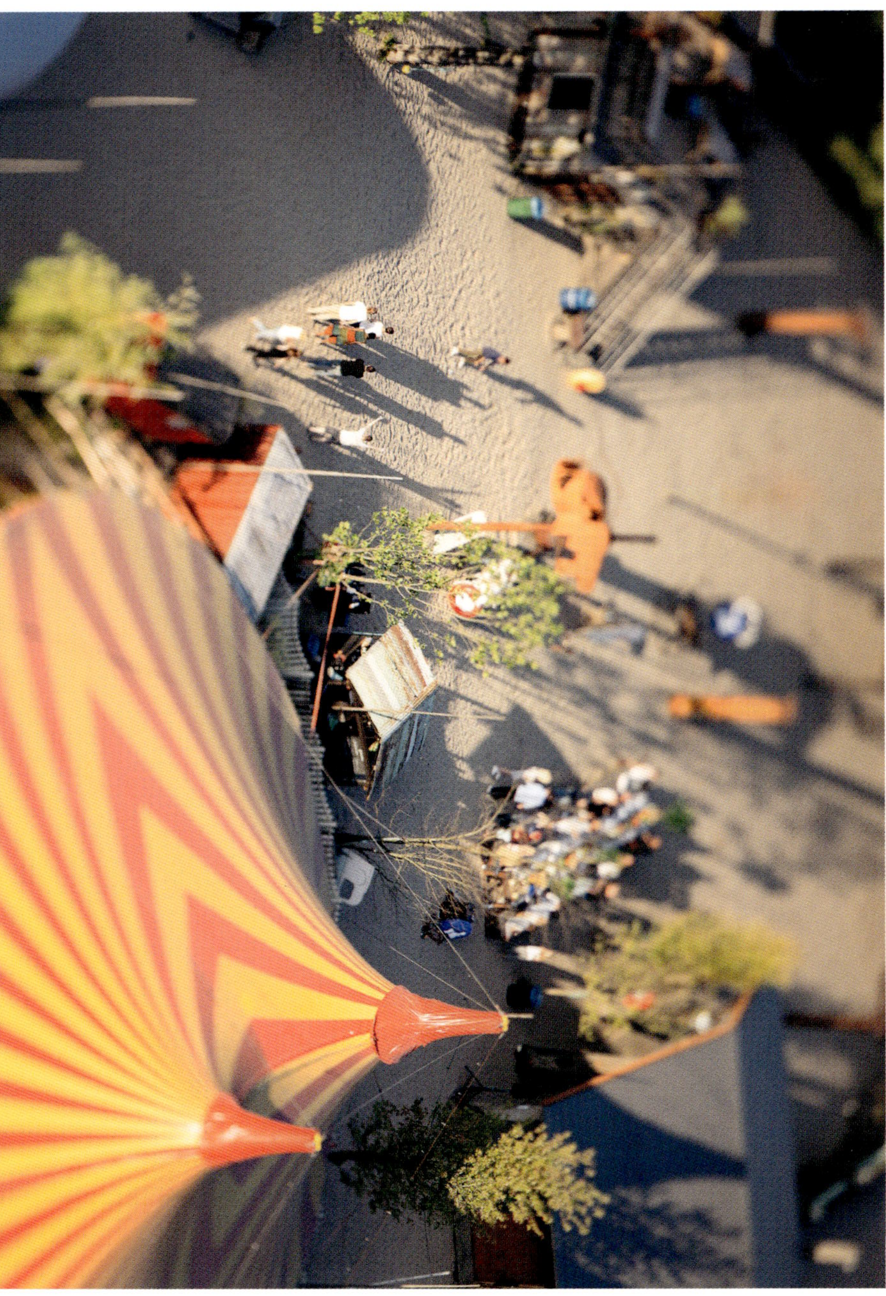

Thuishaven Festival

Ms. Oslofjordweg

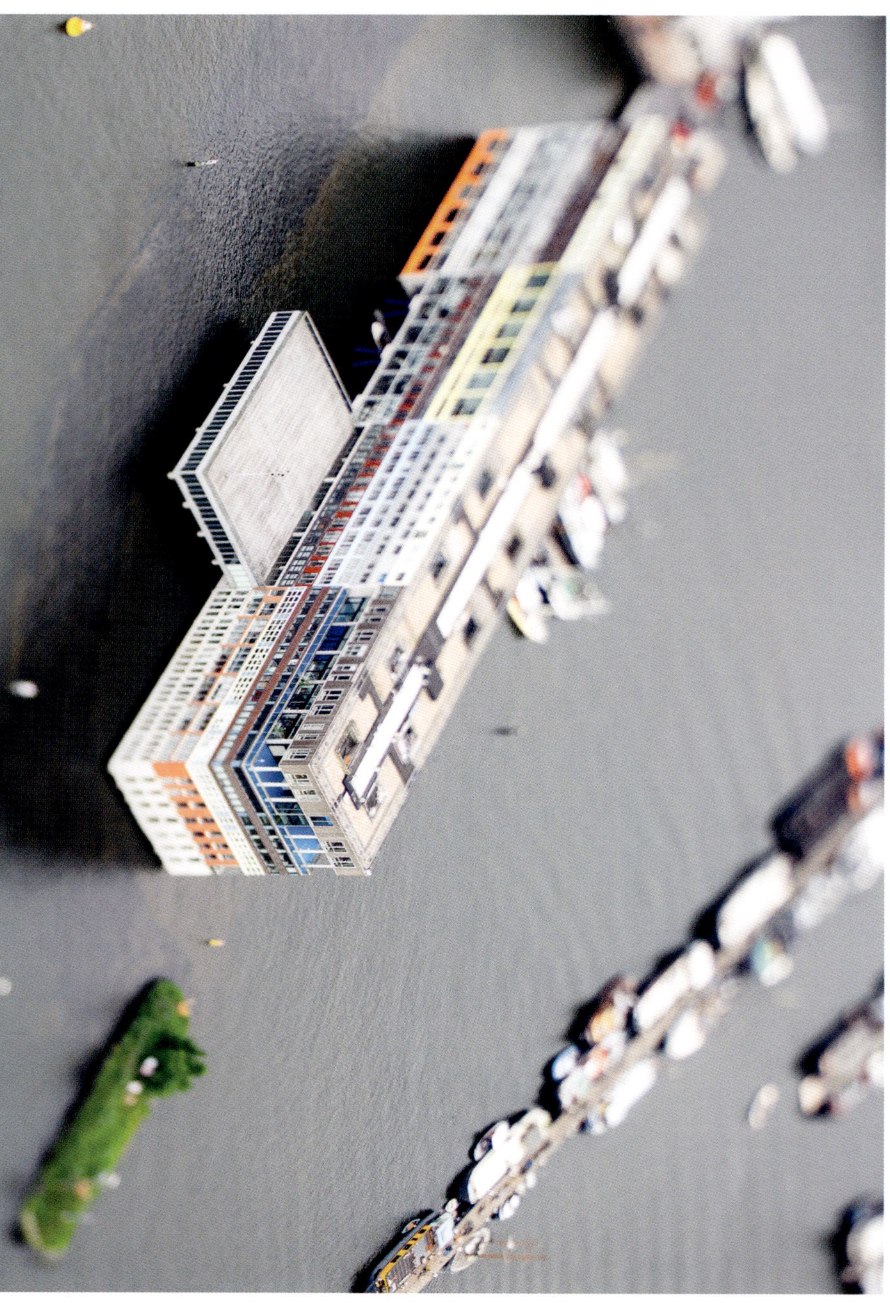

Silodam 300

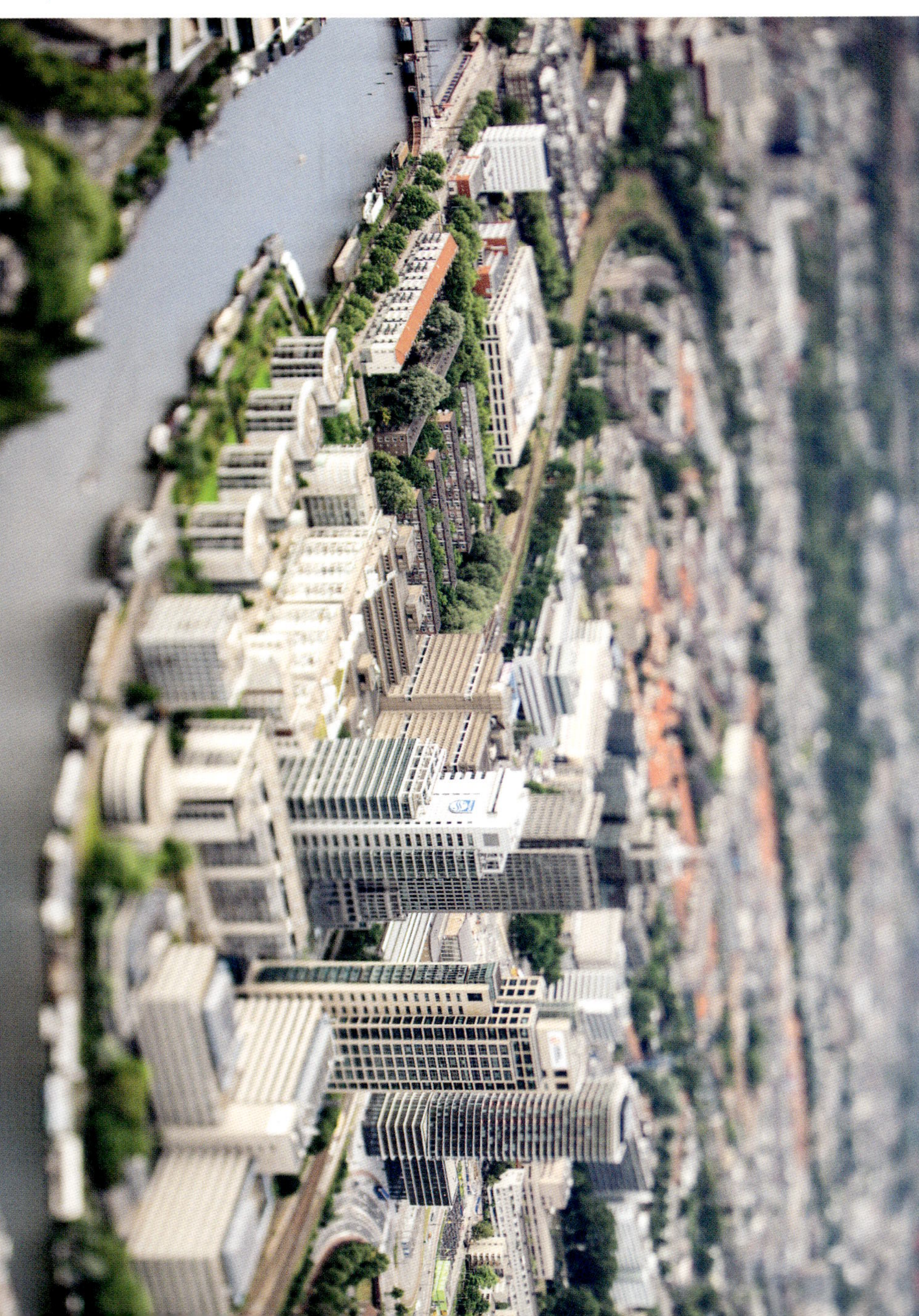

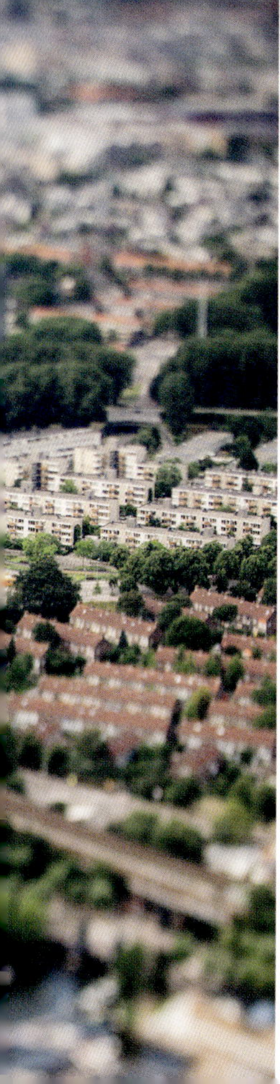

Amsterdam is to Holland what New York is to America.

Anton Corbijn, Dutch photographer

Amsterdam is voor Nederland wat New York voor Amerika is.

Anton Corbijn, Nederlands fotograaf

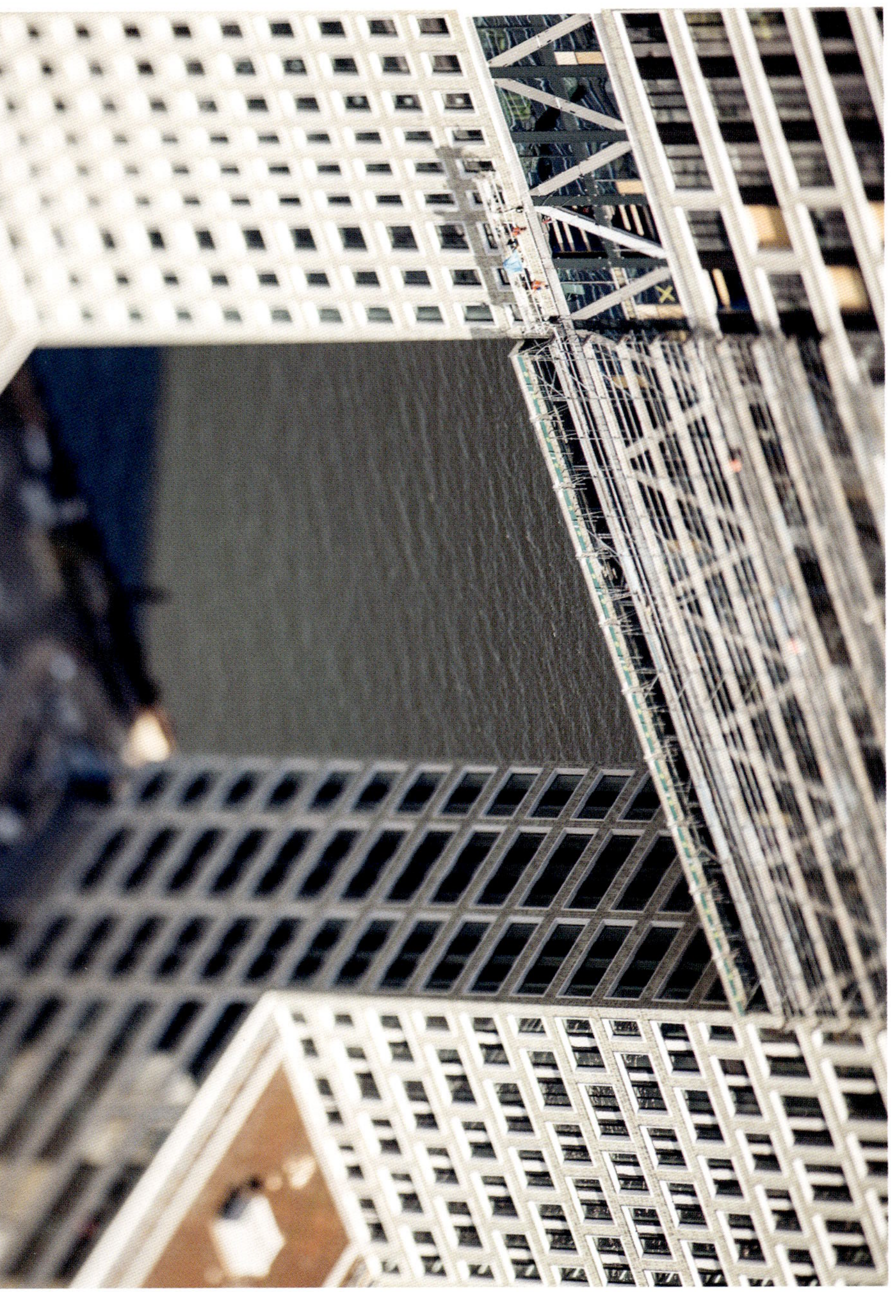

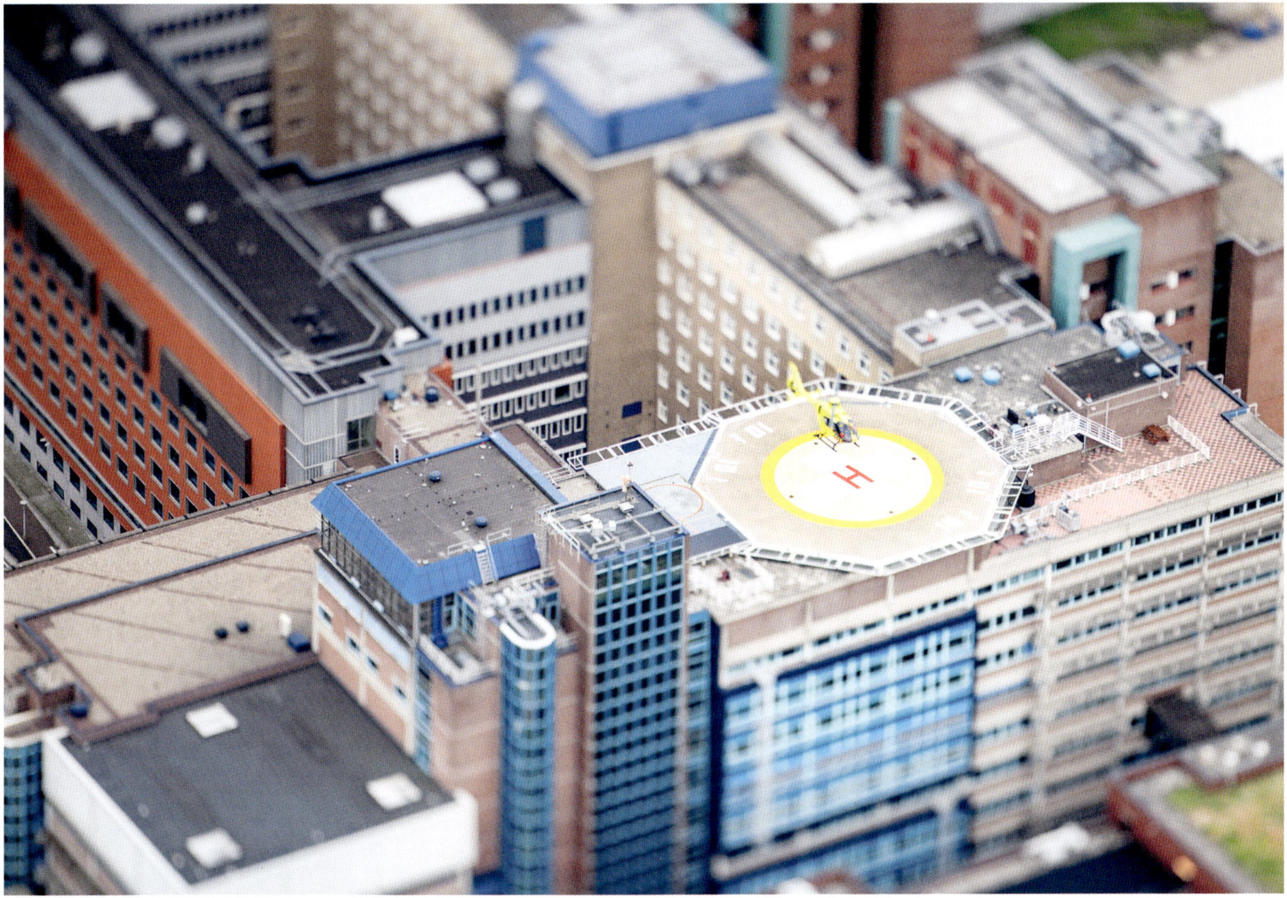

Amsterdam UMC

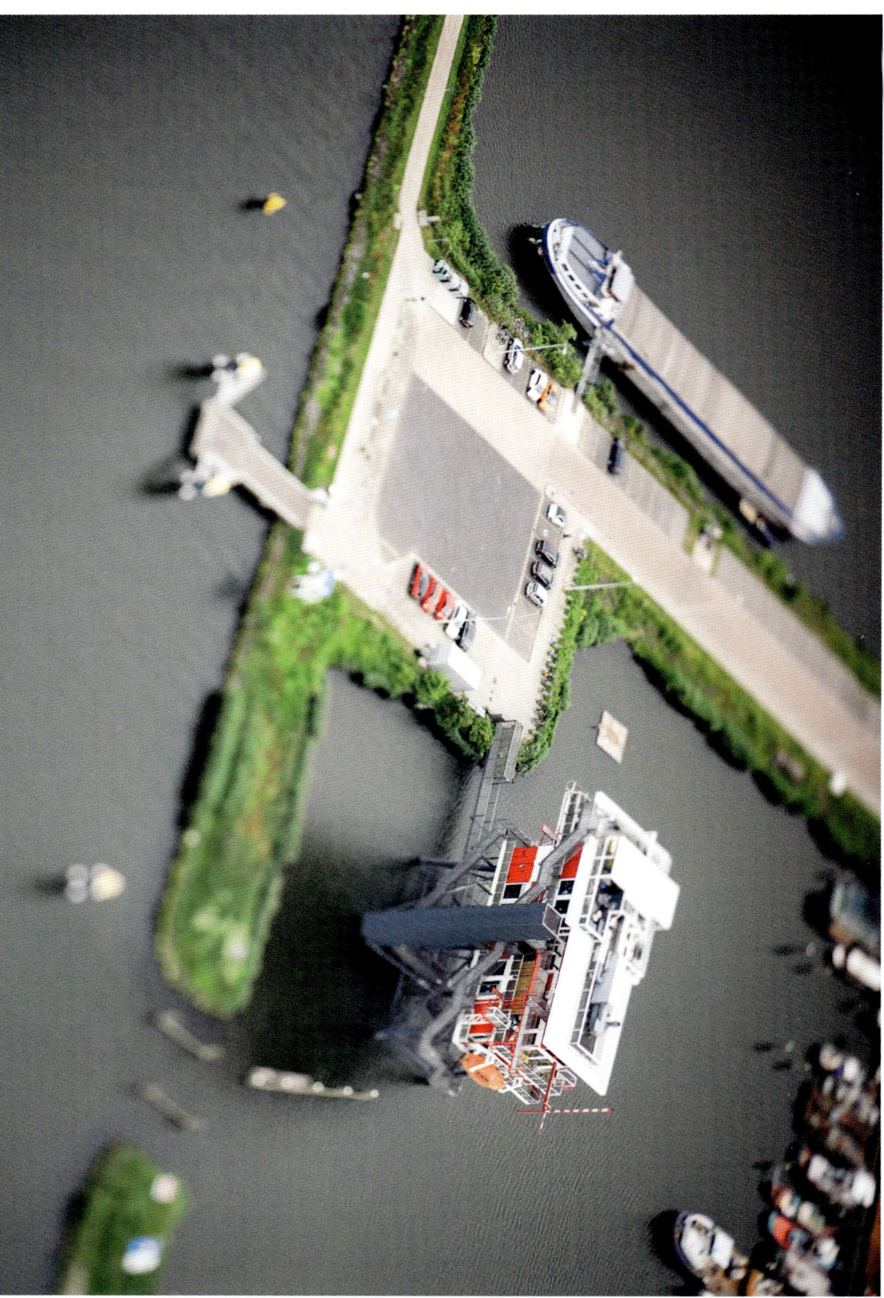

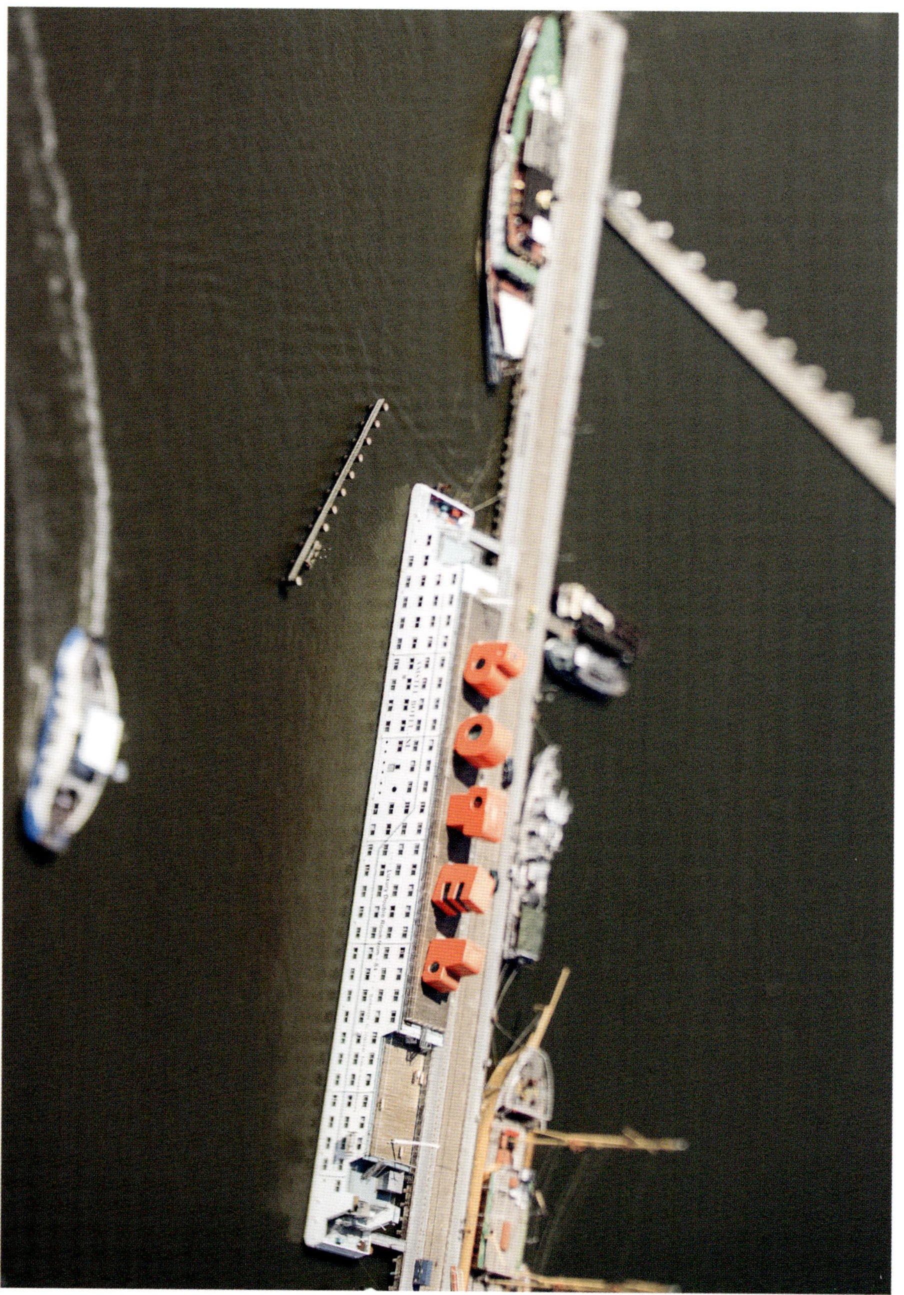

Amstel Botel

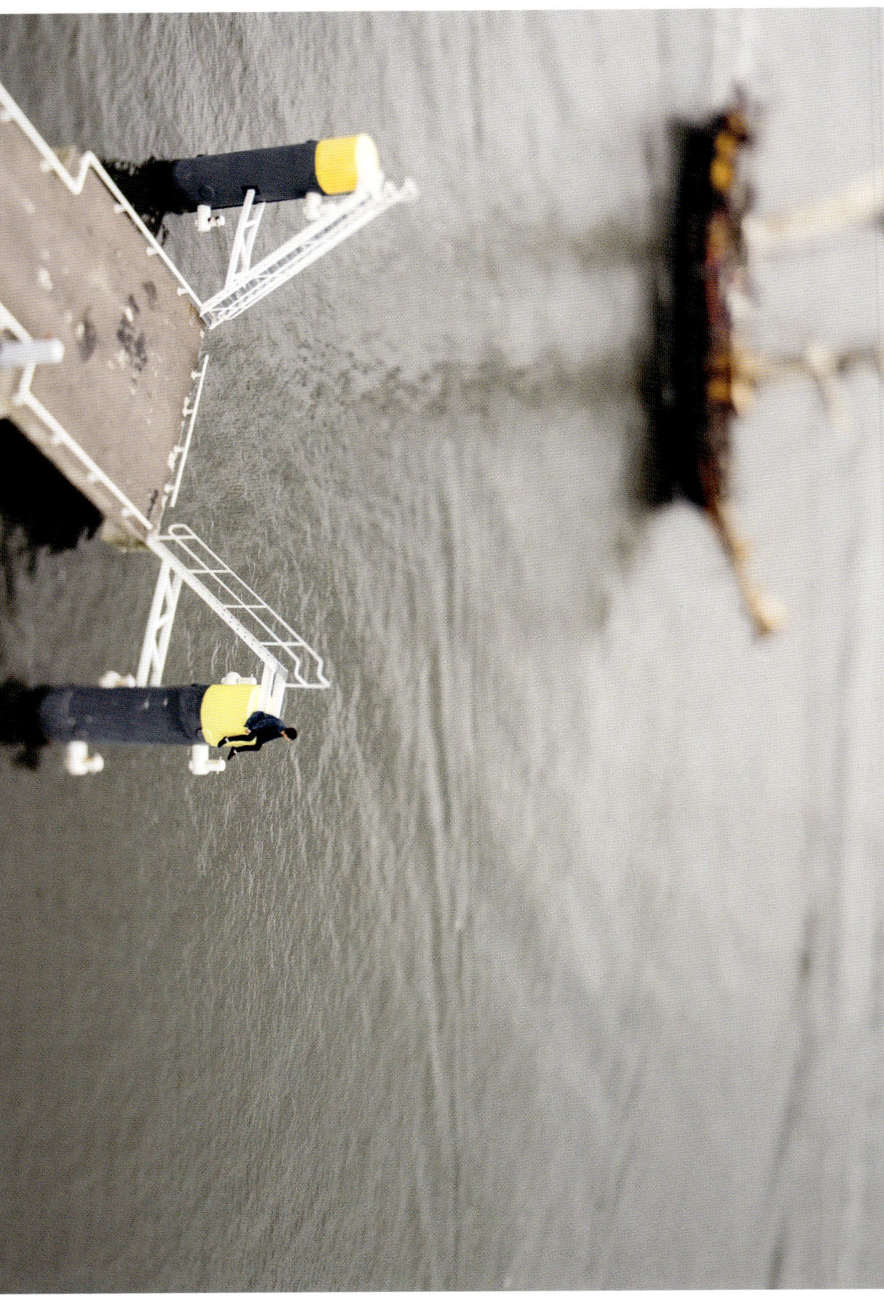

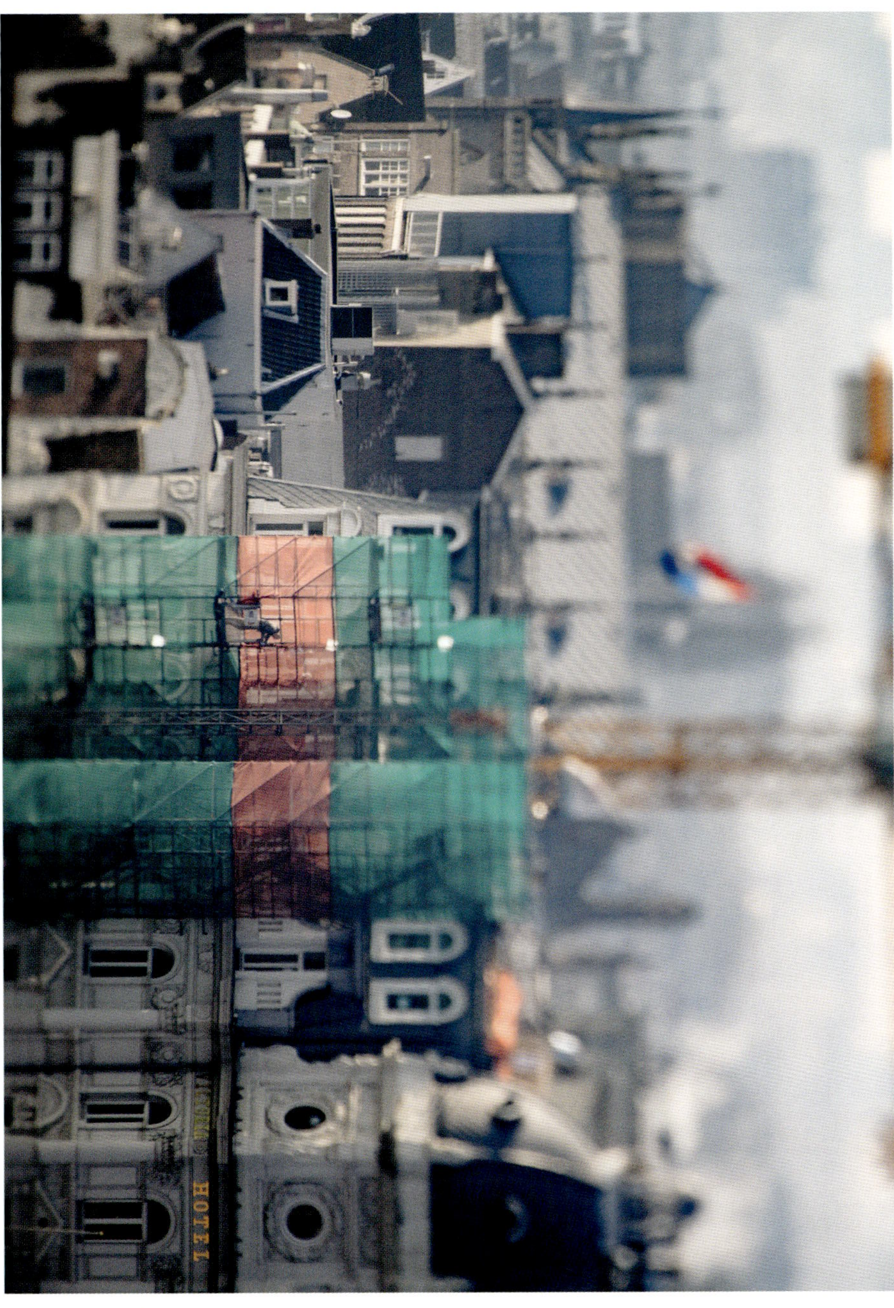

Damrak

She showed me Amsterdam – a gentle, omnivorous, precious, dominating city.

Hafid Bouazza, Dutch author

Zij liet mij Amsterdam zien, een zachte, omnivore, dierbare, overheersende stad.

Hafid Bouazza, Nederlands schrijver

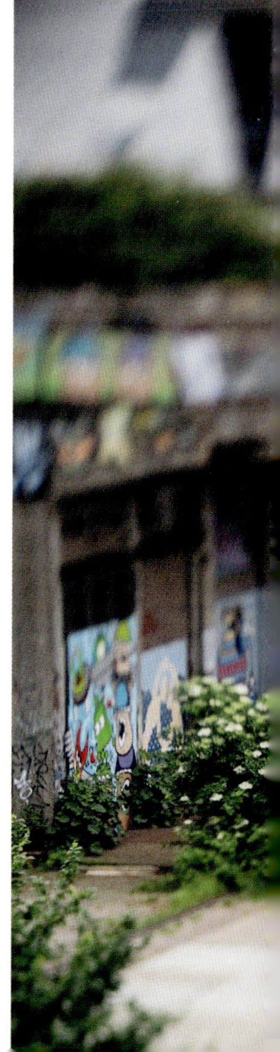

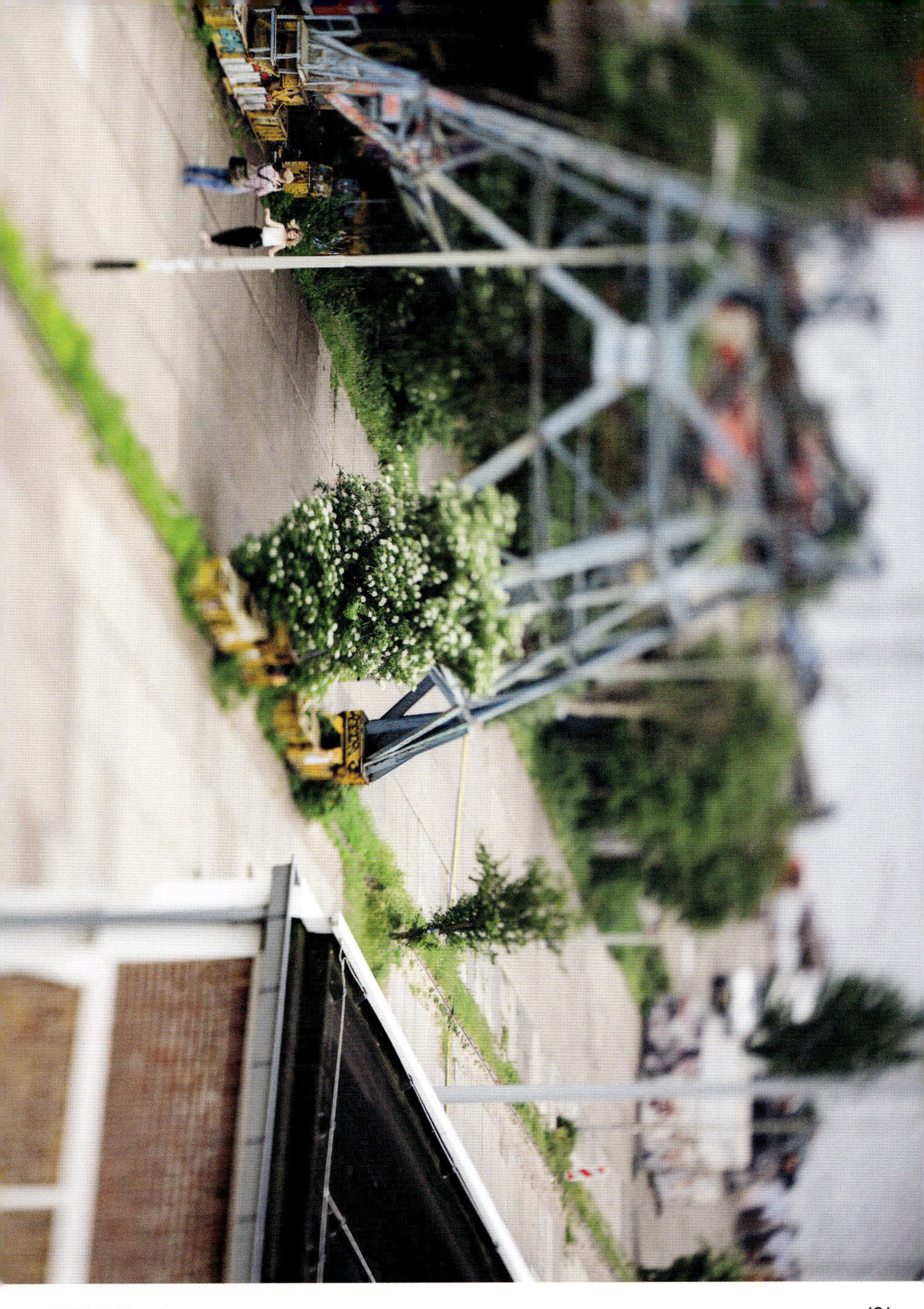

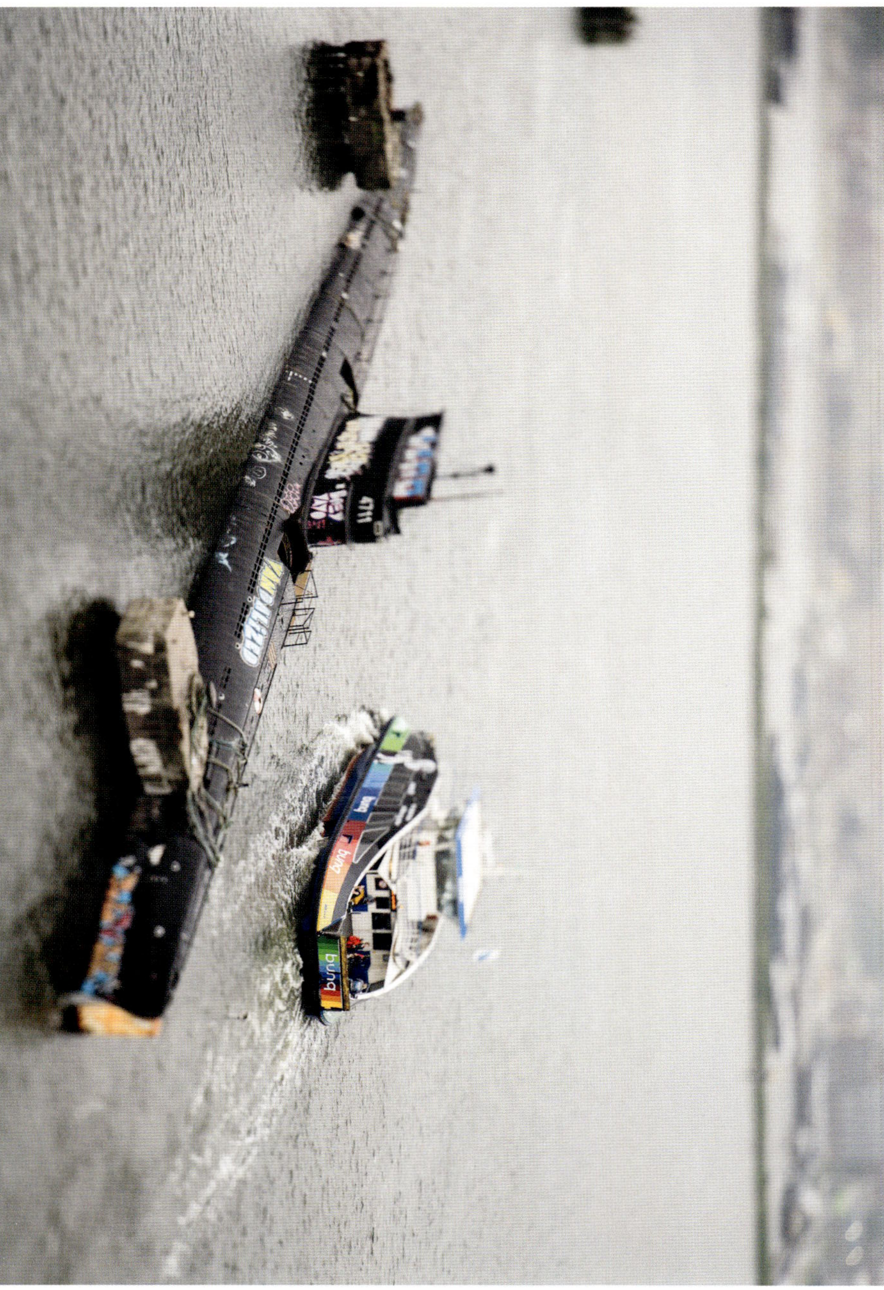
4711
VANDALIZED
bunq
bunq
bunq

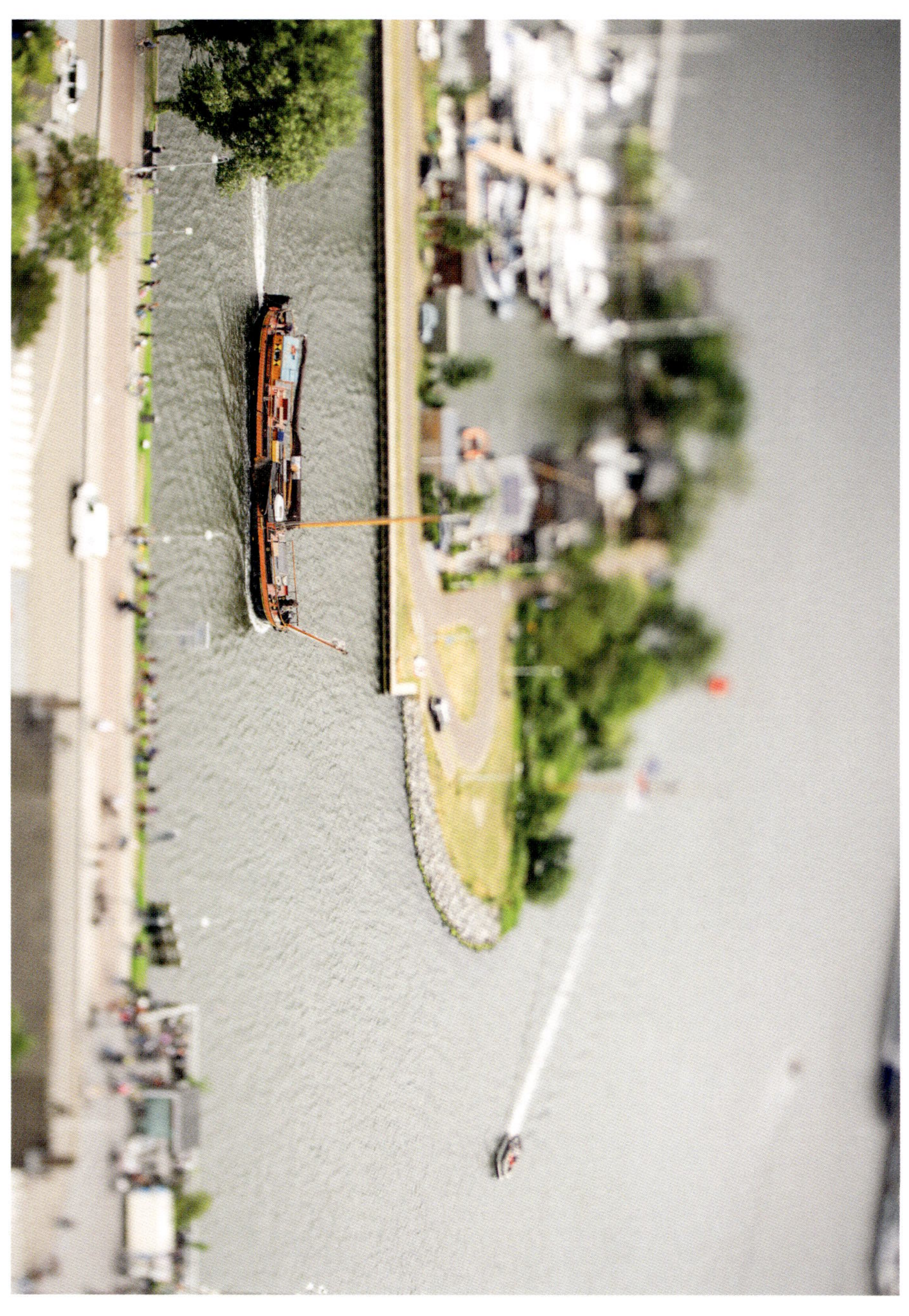

North Holland Canal

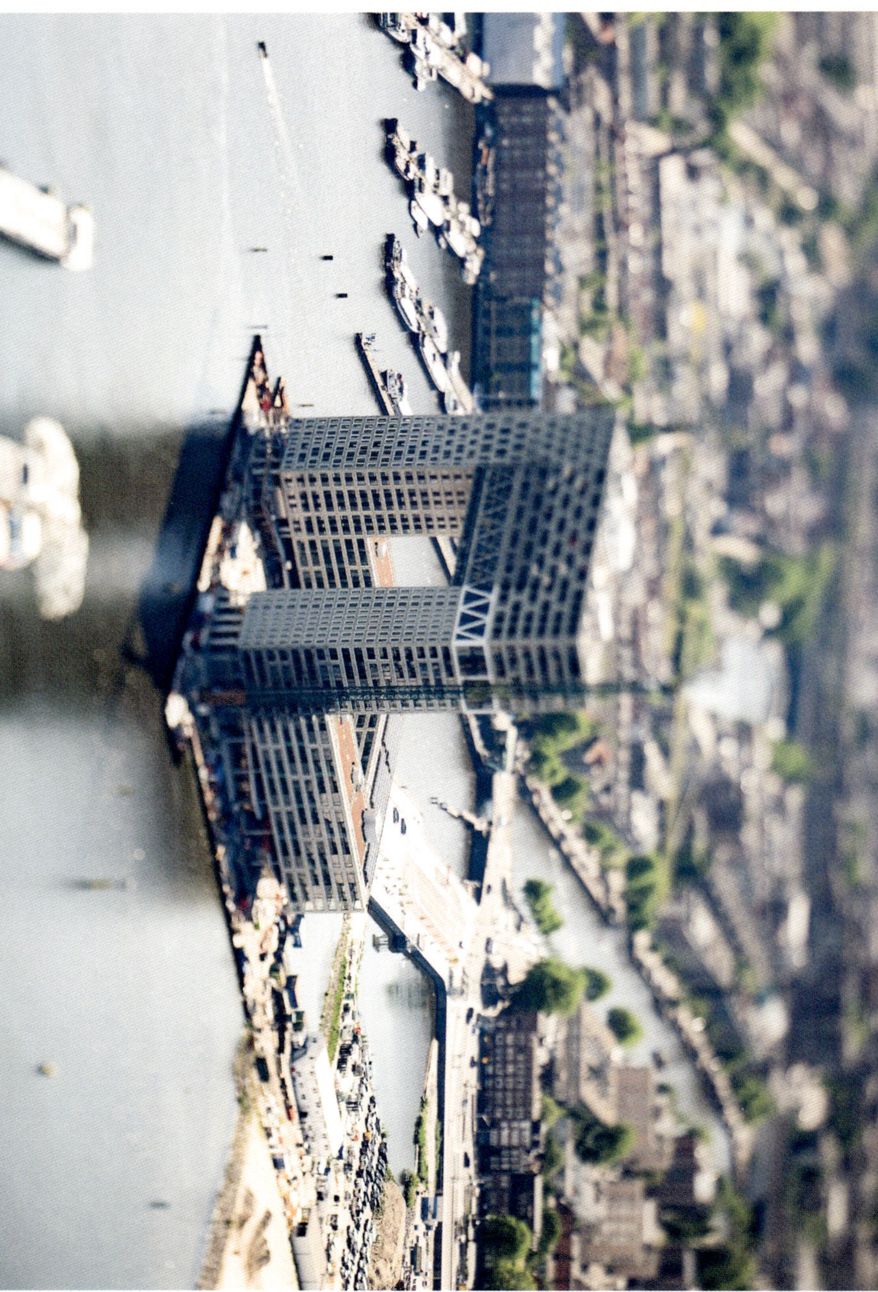

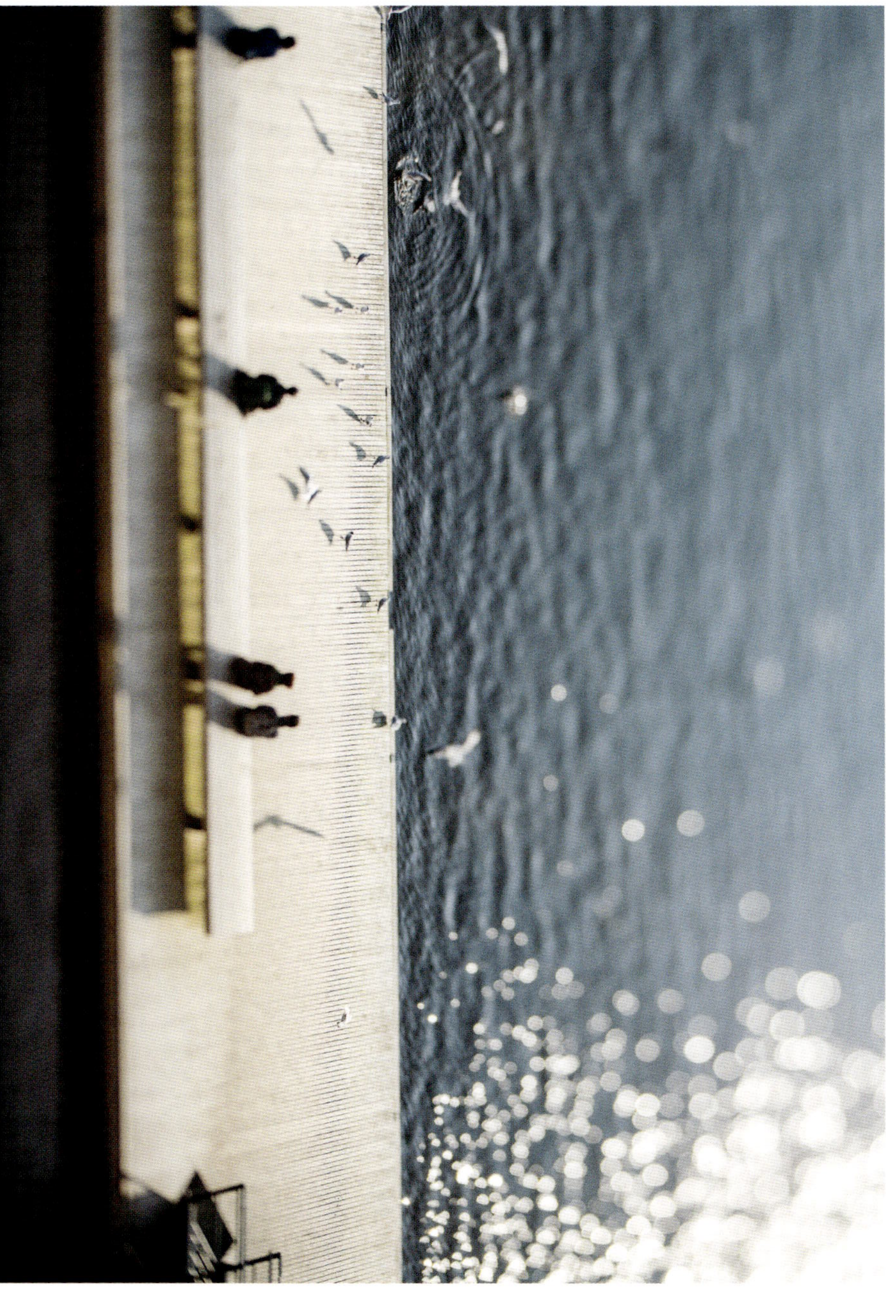

Oosterdokskade

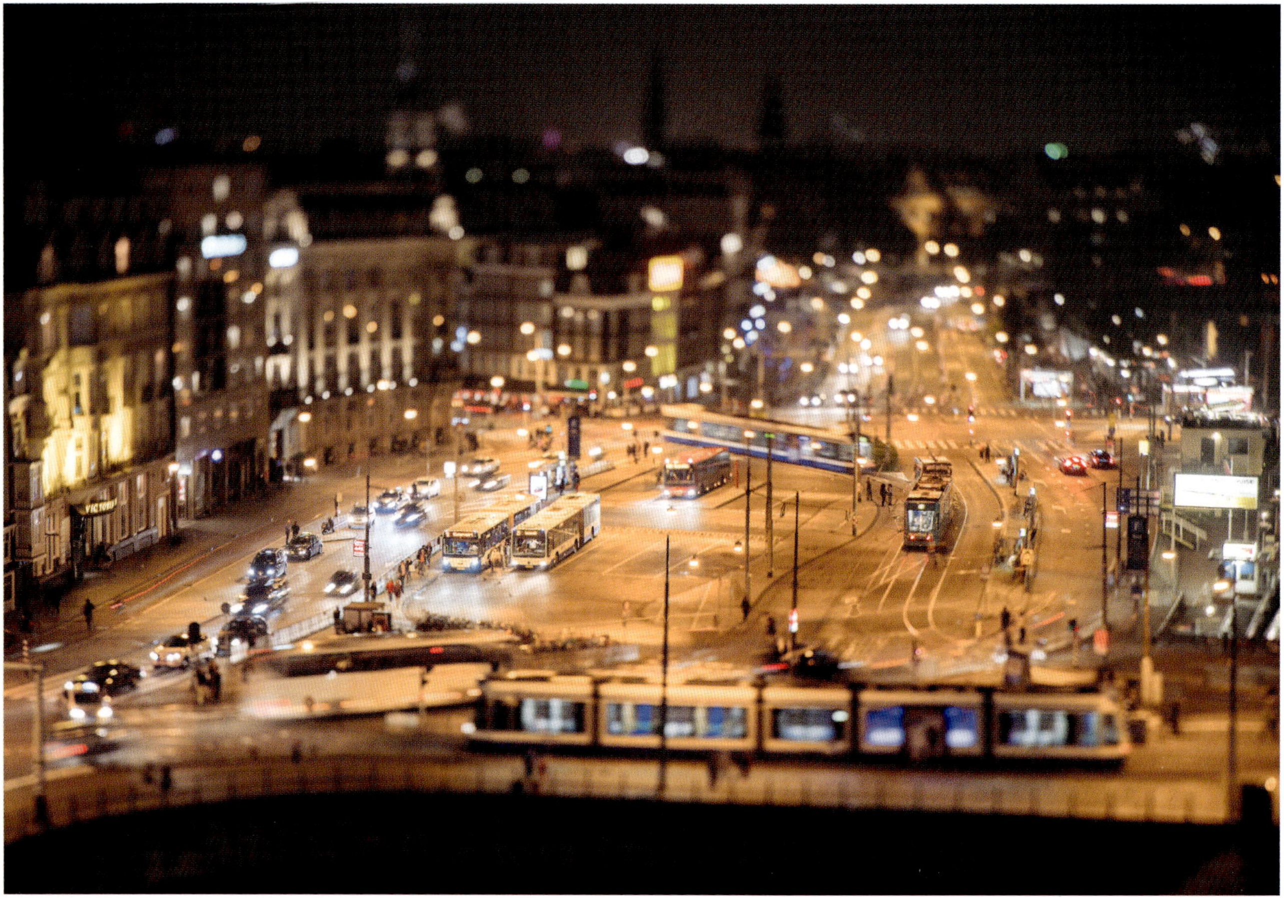

Prins Hendrikkade

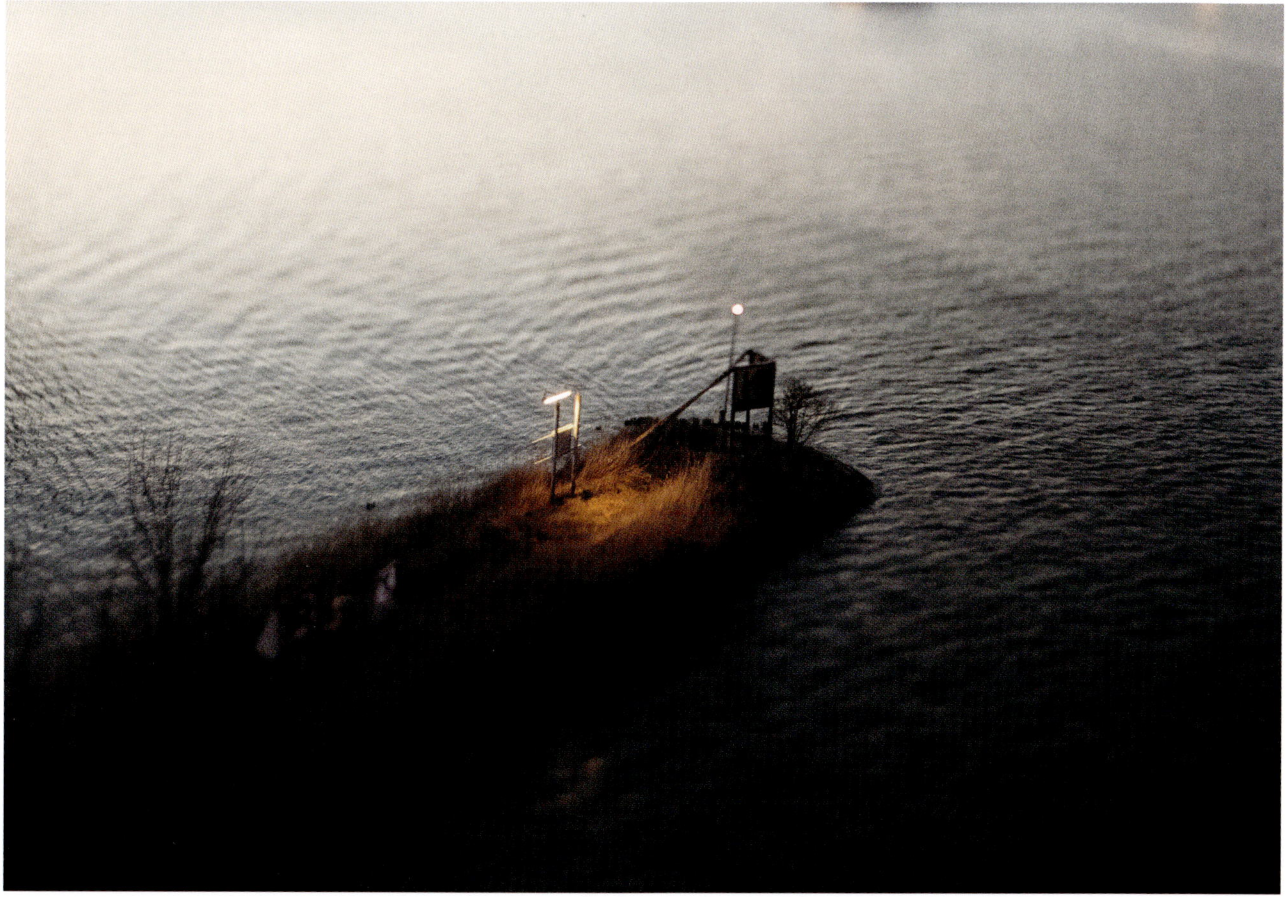

Houthaven

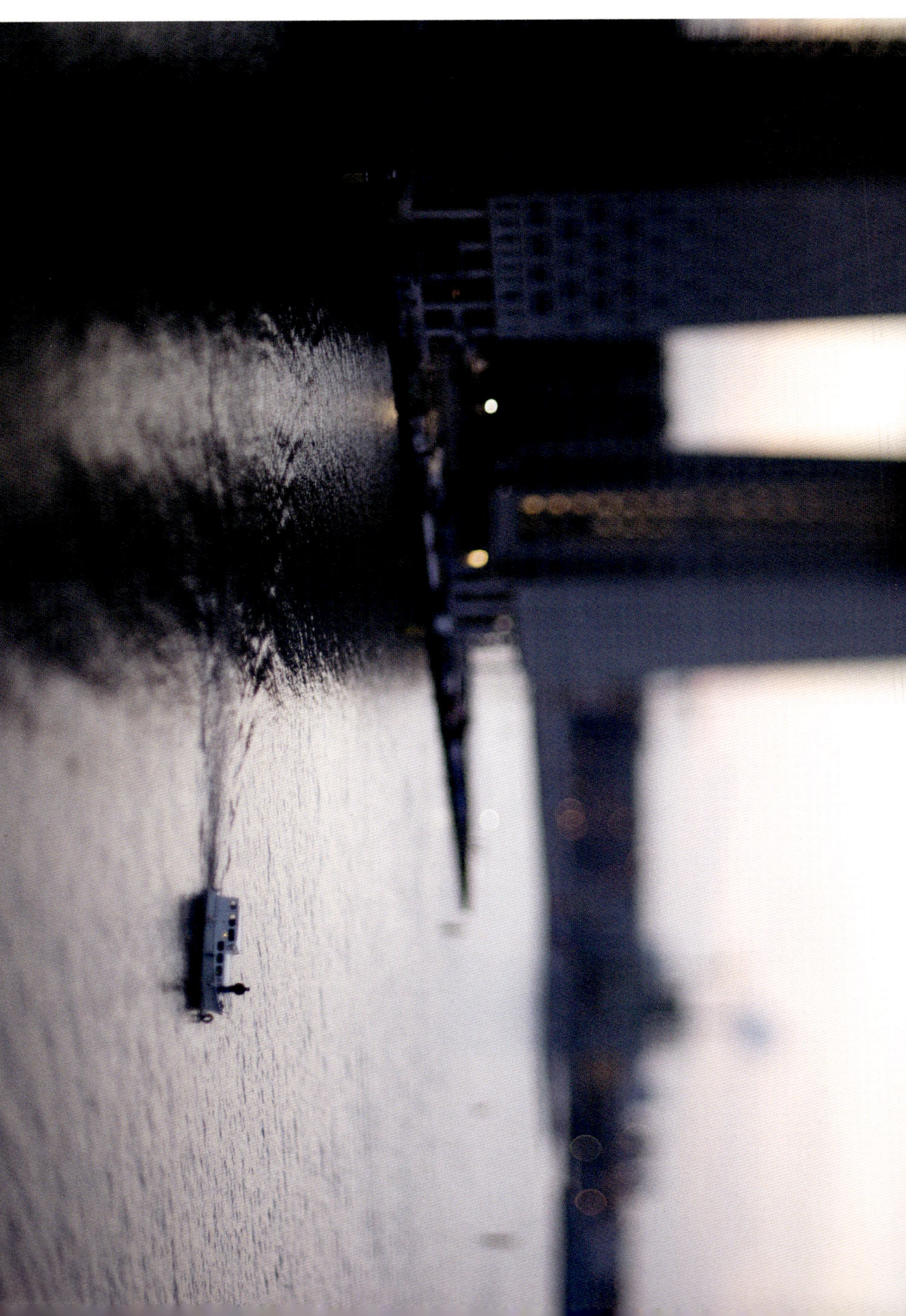

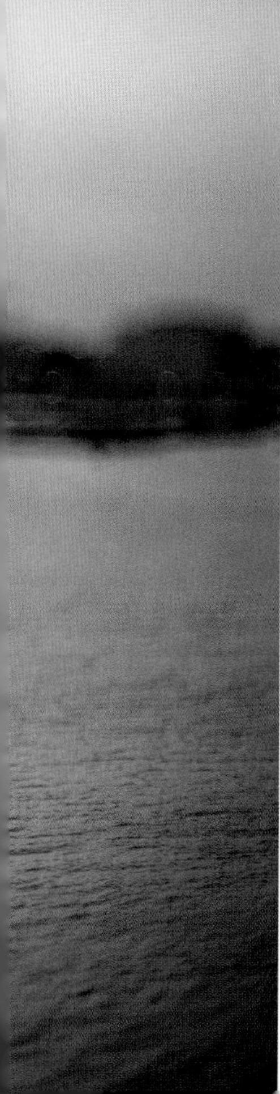

In the port of Amsterdam, there are seamen who prate. Until their nightmares reverberate over old Amsterdam.

Jacques Brel, Belgian singer

In de stad Amsterdam, waar de zeelieden lallen. Tot hun nachtmerries schallen, over oud Amsterdam.

Jacques Brel, Belgisch zanger

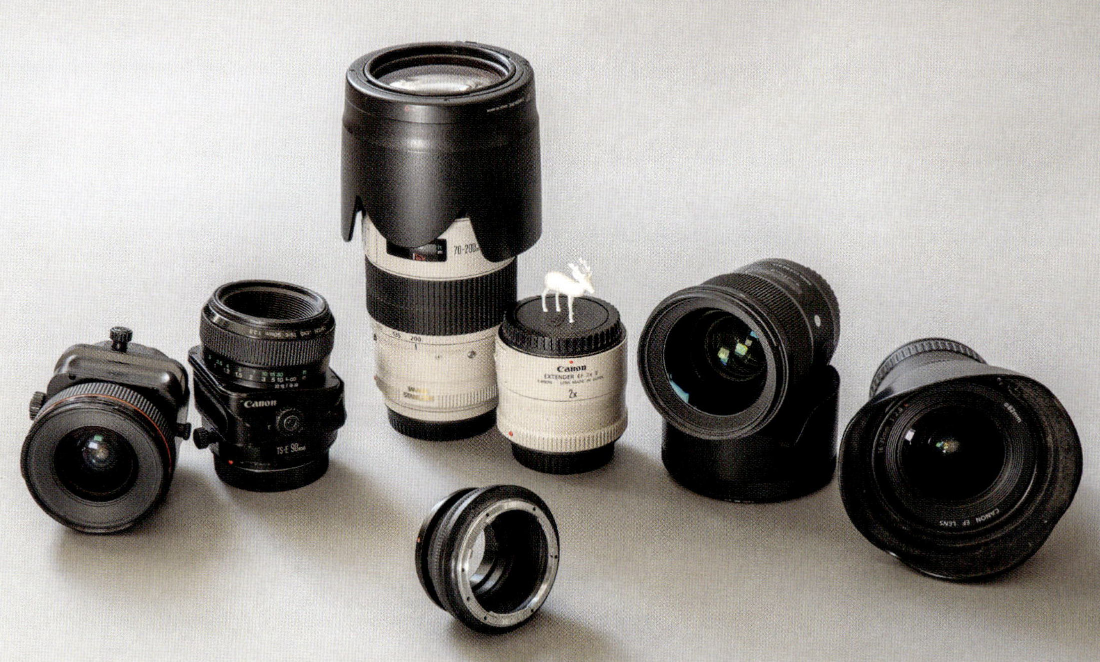
Canon
TS-E 90mm
70-200
Canon
EXTENDER EF 2x II
2x
CANON EF LENS

How does Tilt-Shift work?

UK My passion for photography developed in a rather particular way: through the pleasure I felt fiddling endlessly with camera lenses. It didn't reinvent photography, but it did give shape to the photographer that I am today. My 'lenses project' was at the basis of my master's thesis in visual arts at St Lucas School of Arts Antwerp in 2010. One of those lenses was a 45 mm Tilt-Shift lens, where the rubber of the lens is folded in such a way that at certain spots the image loses some of its sharpness in a typical way. This past year I went out and focused my lenses on the life I found in Amsterdam. Thanks to these lenses and my Tilt-Shift adapters, Amsterdam feels really small in this book.

Our brains unconsciously interpret Tilt-Shift photographs as images of something very small. Whether a photograph looks like a miniature or not is for people to decide for themselves. The sharpness in Tilt-Shift pictures looks a lot like macro-photography or photos of a small subject. This effect is copied with Tilt-Shift. It can happen in two ways. Either you hold a lens at an angle in front of your camera, or you alter the pictures digitally afterwards.

I made all the pictures in this book using Tilt-Shift lenses (most were made using the Tilt-Shift adapters I built myself) – nothing was Photo-shopped in this book.

The greatest challenge in making this book was finding the right means to photograph from up high. That bird's-eye perspective is necessary to obtain the miniature effect. I photographed all the sites from roofs, cranes, planes, even a hot-air balloon. A warm thank-you to all the people who helped me reach the sky to photograph the city. A special thank-you to Mayor Femke Halsema for writing such a nice introduction to this book.

JASPER LÉONARD

Special thanks/Bedankt:

Kees Bakker, Jesse Vanhoeck, Alban Lebak, Sam Ramakers, Marie Taminau, Bassima Van Leeuwaarde, Sarah Theerlynck, Niels Famaey, Gunco, De Coolste Baan van Nederland and House of Sports, Doubletree by Hilton Amsterdam Central Station, NH Collection Barbizon Palace, Private boat tours, Open Tower Day Amsterdam, 4CB Ballooning.

For any behind-the-scenes photos and video, check #amsterdamresized on Facebook or Instagram.

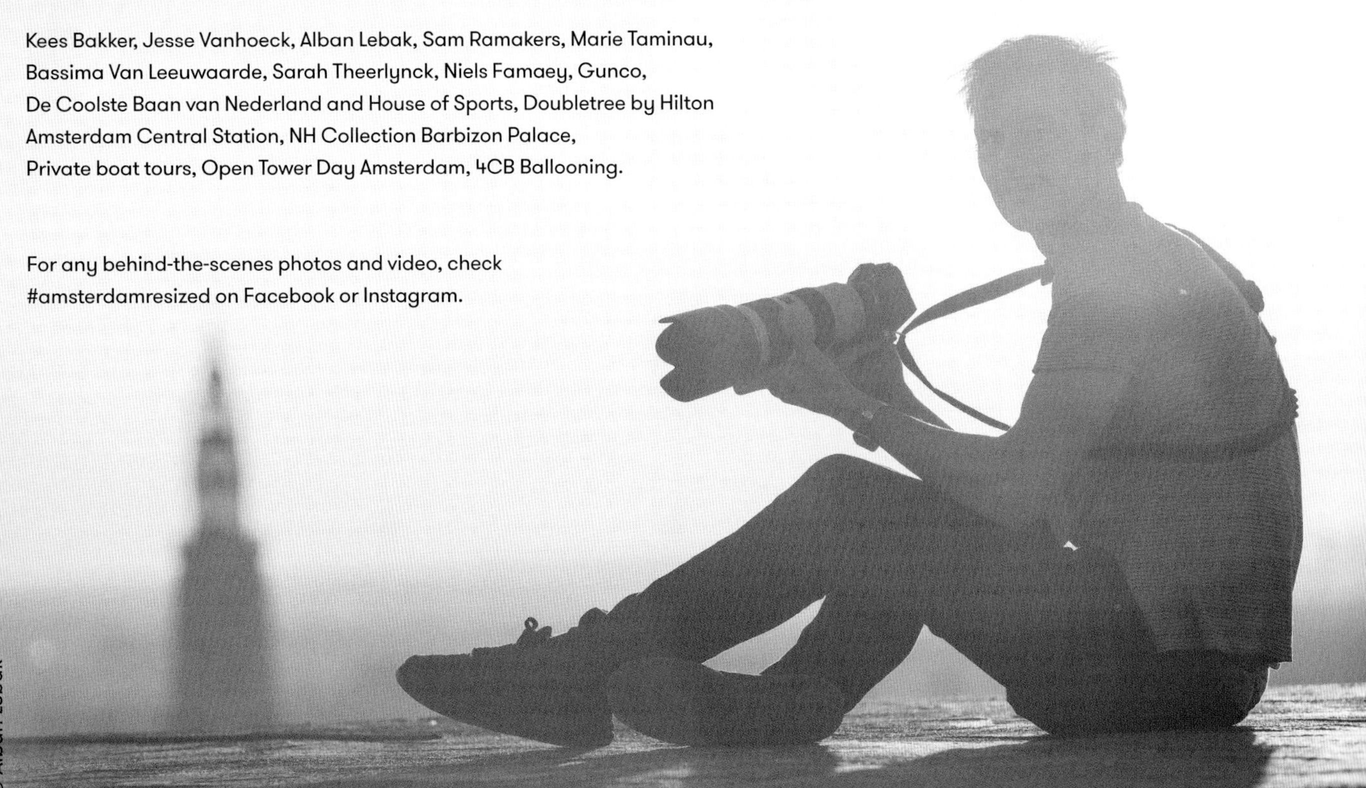

Hoe werkt Tilt-Shift?

NL Mijn passie voor beeld ontwikkelde zich op een wel heel bijzondere manier: door het plezier dat ik beleefde aan het onbesuisd prutsen aan cameralenzen. Het zou de fotografie niet heruitvinden, maar het heeft me wel gevormd tot de fotograaf die ik nu ben. Mijn 'lenzenproject' lag aan de basis van mijn masterproef in de Beeldende Kunsten aan Sint Lucas Antwerpen in 2010. Een van die lenzen was een 45 mm Tilt-Shiftlens, waarbij het rubber aan de lens zodanig geplooid wordt dat het beeld op bepaalde plaatsen op karakteristieke wijze aan scherpte verliest. Het voorbije jaar trok ik eropuit en richtte mijn lenzen op het leven in Amsterdam. Dankzij die lenzen en mijn Tilt-Shiftadapters, voelt Amsterdam in dit boek erg klein aan.

Onze hersenen interpreteren Tilt-Shiftfoto's onbewust als beelden van iets zeer klein. Of een foto als een miniatuur oogt of niet, is voor iedereen zelf te bepalen. De scherpte in Tilt-Shiftbeelden lijkt heel erg op macrofotografie of foto's van een klein onderwerp. Bij Tilt-Shift wordt dit effect nagebootst. Dat kan op twee manieren. Ofwel houd je een lens schuin voor je camera ofwel bewerk je daarna de beelden digitaal.

Ik maakte alle beelden in dit boek met Tilt-Shiftlenzen (de meeste zijn gemaakt dankzij mijn zelf gebouwde Tilt-Shiftadapters) – in dit boek werd geen Photoshop gebruikt.

De grootste uitdaging om dit boek te maken was om de juiste middelen te vinden om vanuit de hoogte te fotograferen. Dat vogelperspectief is nodig om het miniatuureffect te verkrijgen. Vanaf daken, kranen, vliegtuigen, ja, zelfs een luchtballon, bracht ik alle plekken in beeld. Van harte bedankt dan ook aan alle mensen die me de hoogte in hielpen om de stad te fotograferen. En speciale dank aan burgemeester Femke Halsema om zo'n mooie intro voor dit boek te schrijven.

JASPER LÉONARD

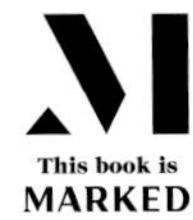

MARKED is an initiative by Lannoo Publishers.
MARKED is een initiatief van Uitgeverij Lannoo.
www.marked-books.com

Sign up for our MARKED newsletter with news about new and forthcoming publications on art, interior design, food & travel, photography and fashion, as well as exclusive offers and events.
Registreer u op onze nieuwsbrief met informatie over nieuwe boeken over kunst, design, interieur, mode, fotografie, food en reizen en met exclusieve aanbiedingen en events.

Photography: Jasper Léonard
Texts: Femke Halsema & Jasper Léonard
Translation: Patrick Lennon & Wouter Meeus
Copy-editing: First Edition
Book design & typesetting: Jelle Maréchal
Art direction: Jasper Léonard & Jelle Maréchal

If you have any questions or comments about the material in this book, please do not hesitate to contact our editorial team: markedteam@lannoo.com
Als u opmerkingen of vragen hebt, dan kunt u contact nemen met onze redactie: markedteam@lannoo.com

D/2018/45/363 – NUR 652
ISBN: 9789401454360
www.lannoo.com

#AREYOUMARKED